내 마음에 새기는 5분 필사

부처님 말쓸 따라쓰기

금강반야바라밀경
金剛般若波羅密經

사경에 대하여

사경(寫經, 경문經文을 베끼는 일)은 부처님 말씀을 담은 경전(經典)을 베껴 쓰는 것을 말합니다. 원래는 불경을 후세에 전하거나 승려의 독송 연구 또는 서사(書寫, 글씨를 베낌)의 공덕을 위해 만들어졌으나, 인쇄술이 발달한 현대에 와서는 주로 공덕(功德, 좋은 일을 행한 덕으로 훌륭한 결과를 가져오게 하는 능력)과 수행의 방편으로 행해지고 있습니다.

1   사경의 역사와 의미

사경(寫經)의 역사가 곧 불교의 역사라고 할 만큼 불교에서 사경은 중요합니다. 2천5백 년 불교 역사에서 한국 스님뿐만 아니라 중국, 티벳, 일본 등 여러 나라에서 법을 구하기 위해 목숨을 건 길을 떠났습니다. 그 길은 모래바람으로 숨조차 쉴 수 없는 사막 길, 어느 누구도 밟은 적이 없는 깊은 산과 황야를 한 걸음 한 걸음씩 살얼음 위를 걷듯이 조심스러운 길이기도 했습니다. 또 눈 덮인 히말라야의 길, 높고 깎아지른 절벽 길은 물론이고, 언제 강물이 휩쓸고 지나갈지 가늠할 수 없는 길이기도 했습니다. 진리에 대한, 불법에 대한 목마름과 헌신이 없었다면 한 걸음도 뗄 수 없는 길이었습니다.

사경(寫經)은 시간적으로는 법을 미래세에 전하는 일이고, 공간적으로는 법을 이웃에서 이웃으로 전해 주는 전법의 길, 교화의 길이었습니다. 또 개인에게는 구도의 방법이자 해탈의 문이었으며, 문화·역사적으로는 인쇄술의 발달과 문화·지적 활동의 진흥을 가져왔습니다.

이러한 역사적 의미가 있는 사경을 통해 구도와 전법의 마음을 되새겨 보세요. 부처님의 말씀을 마음에 새겨서 정신이 성장하고 삶이 성숙하는 계기가 되었으면 합니다.

2 사경의 공덕

- 부처님의 가르침을 바르게 이해하게 됩니다.
- 어리석고 어둡던 마음이 밝아지고 총명해집니다.
- 심한 번민과 갈등이 가라앉고 편안한 마음을 얻습니다.
- 오랜 병고가 사라지고 심신이 강건해집니다.
- 속세의 업장(業障, 말, 동작 또는 마음으로 지은 악업에 의한 장애)이 소멸되고 마음은 무한한 기쁨으로 충만해집니다.
- 소원이 이루어지고 한량없는 불보살님의 가피력(加被力, 부처나 보살이 자비의 마음으로 중생을 이롭게 하려고 주는 힘)을 지니게 됩니다.
- 인내력과 정진력이 향상되어 어려운 일 없이 모든 일이 원만히 성취됩니다.
- 바른 글씨를 쓰게 되고, 나아가 자신만의 서체를 갖게 됩니다.

3 사경 의식

다음에 정리한 사경 의식은 불자에게는 보편화된 것입니다. 따라서 불자가 아닌 분들은 다음 사항 중에서 필요하다고 생각하는 것만 지키면 됩니다. 먼저 주변을 깨끗이 정리한 다음 몸과 마음을 가다듬고, 천천히 부처님 말씀을 마음에 새기면서 베껴 쓰면 됩니다. 조용한 명상 음악을 틀어 놓거나 향이나 초를 살라 경건한 분위기를 만들면 마음을 평화롭게 하는 데 도움이 될 것입니다.

- 주변을 깨끗이 정리하고 몸과 마음을 가다듬습니다.
- 향을 사릅니다.
- 삼귀의례를 합니다.
- 사경발원문을 낭송합니다.
- 5분 정도 입정(入定, 삼업三業을 그치게 하고 선정禪定에 들어가는 일)하면서 호흡과 심신을 안정시킵니다.
- 경전의 내용을 마음에 새기면서 사경합니다.
- 사경한 내용을 다시 읽고, 발원과 회향(回向, 자기가 닦은 선근 공덕을 다른 중생이나 자기 자신에게 돌림)을 염(念, 조용히 불경이나 진언眞言 따위를 외움)하면서 삼배를 올립니다.
- 사경 도중에는 일체의 잡된 일을 하지 않도록 합니다.
- 정한 시간만큼은 다른 장애물이 끼어들지 않도록 합니다. 부득이하게 사경을 중단했을 경우에는 입정 시간을 갖고 다시 시작합니다.
- 오자나 탈자가 생기지 않도록 주의합니다.
- 사경하는 동안 같은 색의 펜으로 일정하게 하는 게 좋습니다.

발원문

_____

_____

_____

_____

_____

_____

_____

_____

_____

_____

사경시작일 | 년 월 일

이름(법명) | 합장

1. 법회法會의 인연因緣

이와 같이 나는 들었습니다.
어느 때 부처님께서 거룩한 비구 천이백오십 명과 함께
사위국 기수급고독원에 계셨습니다.
그때 세존께서는 공양 때가 되어 가사를 입고
발우를 들고 걸식하고자 사위대성에 들어가셨습니다.
성 안에서 차례로 걸식하신 후 본래의 처소로 돌아와
공양을 드신 뒤 가사袈裟와 발우鉢盂를 거두고
발을 씻으신 다음 자리를 펴고 앉으셨습니다.

一. 法會因由分
법회인유분

여시아문 일시 불재사위국기수급고독원
如是我聞 一時 佛在舍衛國祇樹給孤獨園

여대비구중 천이백오십인구 이시 세존식시
與大比丘衆 千二百五十人俱 爾時 世尊食時

착의지발 입사위대성걸식 어기성중 차제걸이
著衣持鉢 入舍衛大城乞食 於其城中 次第乞已

환지본처 반사흘 수의발 세족이 부좌이좌
還至本處 飯食訖 收衣鉢 洗足已 敷座而坐

월mon 화tue 수wed 목thu 금fri 토sat 일sun   **20**   년   월   일

1.
2.
3.
4.
5.
6.
7.
8.
9.
10.
11.
12.
13.
14.
15.
16.
17.
18.

한 자 한 획 에 꽃 피 는 무 량 공 덕 지 혜 의 사 경

7

金剛般若波羅密經

오늘의 발원   년   월   일

2. 수보리가 법(法)을 물음

그때 대중 가운데 있던 수보리 장로가 자리에서 일어나
오른쪽 어깨를 드러내고 오른 무릎을 땅에 대며 합장하고
공손히 부처님께 여쭈었습니다.
"경이롭습니다, 세존이시여!
여래(如來)께서는 보살들을 잘 보호해 주시며
보살들을 잘 격려해 주십니다.
세존이시여!
가장 높고 바른 깨달음을 얻고자 하는 선남자 선여인이
어떻게 살아야 하며 어떻게 그 마음을 다스려야 합니까?"

二. 善現起請分

時 長老須菩提 在大衆中 卽從座起

偏袒右肩 右膝着地 合掌恭敬 而白佛言

稀有世尊 如來善護念諸菩薩 善付囑諸菩薩

世尊 善男子善女人 發阿耨多羅三藐三菩提心

應云何住 云何降伏其心

월 mon 화 tue 수 wed 목 thu 금 fri 토 sat 일 sun   **20**   년   월   일

1
2
3
4
5
6
7
8
9
10
11
12
13
14
15
16
17
18

오늘의 발원   년   월   일

한 걸음 한 획에 꽃피는 무량공덕 지혜의 사경

金剛般若波羅密經

부처님께서 말씀하셨습니다.
"훌륭하고 훌륭하다. 수보리여!
그대의 말과 같이 여래(如來)는 보살들을 잘 보호해 주며
보살들을 잘 격려해 준다.
그대는 자세히 들어라.
그대에게 설하리라. 가장 높고 바른 깨달음을 얻고자 하는
선남자 선여인은 이와 같이 살아야 하며
이와 같이 그 마음을 다스려야 한다."
"예, 세존(世尊)이시여!"라고 하며
수보리는 즐거이 듣고자 하였습니다.

불언 선재선재
佛言 善哉善哉

수보리 여여소설 여래 선호념제보살 선부촉
須菩提 如汝所說 如來 善護念諸菩薩 善付囑

제보살 여금제청 당위여설 선남자
諸菩薩 汝今諦廳 當爲汝說 善男子

선여인 발아뇩다라삼먁삼보리심 응여시주
善女人 發阿耨多羅三藐三菩提心 應如是住

여시항복기심 유연세존 원요욕문
如是降伏其心 唯然世尊 願樂欲聞

| 월mon | 화tue | 수wed | 목thu | 금fri | 토sat | 일sun | **20** 년 월 일 |

1.
2.
3.
4.
5.
6.
7.
8.
9.
10.
11.
12.
13.
14.
15.
16.
17.
18.

오늘의 발원　　　　　　　　　　　년　월　일

3. 대승大乘의 근본 뜻

부처님께서 수보리에게 말씀하셨습니다.
"모든 보살마하살은 다음과 같이 그 마음을 다스려야 한다.
'알에서 태어난 것이나, 태에서 태어난 것이나,
습기에서 태어난 것이나, 변화하여 태어난 것이나,
형상이 있는 것이나, 형상이 없는 것이나, 생각이 있는 것이나,
생각이 없는 것이나, 생각이 있는 것도 아니고 없는 것도 아닌
온갖 중생들을 내가 모두 완전한 열반涅槃에 들게 하리라.

三. 大乘正宗分

佛告須菩提 諸菩薩摩訶薩 應如是

降伏其心 所有一切衆生之類 若卵生 若胎生

若濕生 若化生 若有色 若無色 若有想 若無想

若非有想非無想 我皆令入無餘涅槃

| 월mon | 화tue | 수wed | 목thu | 금fri | 토sat | 일sun | **20** 년 월 일 |

1.
2.
3.
4.
5.
6.
7.
8.
9.
10.
11.
12.
13.
14.
15.
16.
17.
18.

오늘의 발원   년   월   일

金剛般若波羅密經

이와 같이 헤아릴 수 없이 많은 중생을 열반에 들게 하였으나, 실제로는 완전한 열반을 얻은 중생이 아무도 없다.'
왜냐하면 수보리여! 보살에게 자아가 있다는 관념我相, 개아가 있다는 관념人相, 중생이 있다는 관념衆生相, 영혼이 있다는 관념壽者相이 있다면 보살이 아니기 때문이다."

이멸도지 여시멸도무량무수무변중생
而滅度之 如是滅度無量無數無邊衆生

실무중생득멸도자 하이고 수보리 약보살
實無衆生得滅度者 何以故 須菩提 若菩薩

유아상 인상 중생상 수자상 즉비보살
有我相 人相 衆生相 壽者相 卽非菩薩

월mon 화tue 수wed 목thu 금fri 토sat 일sun   **20**   년   월   일

1.
2.
3.
4.
5.
6.
7.
8.
9.
10.
11.
12.
13.
14.
15.
16.
17.
18.

오늘의 발원　　　　　　　　　　　　년　월　일

4. 집착 없는 보시布施

"또한 수보리여!
보살은 어떤 대상에도 집착 없이 보시해야 한다.
말하자면 형색에 집착 없이 보시해야 하며 소리, 냄새, 맛, 감촉,
마음의 대상에도 집착 없이 보시해야 한다.
수보리여!
보살은 이와 같이 보시하되
어떤 대상에 대한 관념에도 집착하지 않아야 한다.
왜냐하면 보살이 대상에 대한 관념에 집착 없이 보시한다면
그 복덕福德은 헤아릴 수 없기 때문이다.

四. 妙行無住分

復次須菩提 菩薩於法 應無所住 行於布
施 所謂不住色布施 不住聲香味觸法布施
須菩提 菩薩應如是布施 不住於相 何以故
若菩薩不住相布施 其福德不可思量

	월 mon	화 tue	수 wed	목 thu	금 fri	토 sat	일 sun	**20** 년 월 일

1
2
3
4
5
6
7
8
9
10
11
12
13
14
15
16
17
18

오늘의 발원   년 월 일

金剛般若波羅密經

수보리여!
그대 생각은 어떠한가?
동쪽 허공을 헤아릴수 있겠는가?"
"없습니다, 세존이시여!"
"수보리여!
남서북방, 사이사이, 아래 위 허공을 헤아릴 수 있겠는가?"
"없습니다, 세존이시여!"
"수보리여!
보살이 대상에 대한 관념觀念에 집착하지 않고 보시하는
복덕福德도 이와 같이 헤아릴 수 없다.
수보리여!
보살은 반드시 가르친 대로 살아야 한다."

수보리 어의운하 동방허공 가사
須菩提 於意云何 東方虛空 可思

량부 불야세존 수보리 남서북방 사유
量不 不也世尊 須菩提 南西北方 四維

상하허공 가사량부 불야세존 수보리
上下虛空 可思量不 不也世尊 須菩提

보살무주상보시복덕 역부여시 불가사량
菩薩無住相布施福德 亦復如是 不可思量

수보리 보살단응여소교주
須菩提 菩薩但應如所教住

| 월mon | 화tue | 수wed | 목thu | 금fri | 토sat | 일sun | **20** 년 월 일 |

1
2
3
4
5
6
7
8
9
10
11
12
13
14
15
16
17
18

오늘의 발원　　　　　　　　　　　　　　년　월　일

5. 여래의 참 모습

"수보리여! 그대 생각은 어떠한가? 신체적 특징을 가지고
여래라고 볼 수 있는가?"
"없습니다, 세존이시여! 신체적 특징을 가지고
여래라고 볼 수는 없습니다.
왜냐하면 여래께서 말씀하신 신체적 특징은
바로 신체적 특징이 아니기 때문입니다."
부처님께서 수보리에게 말씀하셨습니다.
"신체적 특징들은 모두 헛된 것이니
신체적 특징이 신체적 특징 아님을 본다면
바로 여래를 보리라."

여리실견분
五. 如理實見分

수보리 어의운하 가이신상 견여래부
須菩提 於意云何 可以身相 見如來不

불야세존 불가이신상 득견여래 하이고
不也世尊 不可以身相 得見如來 何以故

여래소설신상 즉비신상 불고수보리 범소유상
如來所說身相 卽非身相 佛告須菩提 凡所有相

개시허망 약견제상비상 즉견여래
皆是虛妄 若見諸相非相 卽見如來

월mon 화tue 수wed 목thu 금fri 토sat 일sun　　**20**　년　월　일

1
2
3
4
5
6
7
8
9
10
11
12
13
14
15
16
17
18

오늘의 발원　　　　　　　　　　　　년　월　일

6. 깊은 믿음

수보리가 부처님께 여쭈었습니다.
"세존이시여! 이와 같은 말씀을 듣고
진실한 믿음을 내는 중생들이 있겠습니까?"
부처님께서 수보리에게 말씀하셨습니다.
"그런 말 하지 말라.
여래가 열반涅槃에 든 오백 년 뒤에도 계戒를 지니고 복덕을 닦는
이는 이러한 말에 신심信心을 낼 수 있고
이것을 진실한 말로 여길 것이다.

六. 正信希有分
정신희유분

須菩提白佛言 世尊 頗有衆生
수보리백불언 세존 파유중생

得聞如是言說章句 生實信不 佛告須菩提
득문여시언설장구 생실신부 불고수보리

莫作是說 如來滅後 後五百歲 有持戒修福者
막작시설 여래멸후 후오백세 유지계수복자

於此章句 能生信心 以此爲實
어차장구 능생신심 이차위실

| 월mon | 화tue | 수wed | 목thu | 금fri | 토sat | 일sun | **20**   년   월   일 |

1
2
3
4
5
6
7
8
9
10
11
12
13
14
15
16
17
18

오늘의 발원　　　　　　　　　　　　　　　년　월　일

金剛般若波羅密經

이 사람은 한 부처님이나 두 부처님,
서너 다섯 부처님께 선근善根을 심었을 뿐만 아니라
이미 한량없는 부처님 처소에서
여러 가지 선근善根을 심었으므로 이 말씀을 듣고 잠깐이라도
청정한 믿음을 내는 자임을 알아야 한다.
수보리여! 여래는 이러한 중생들이 이와 같이
한량없는 복덕 얻음을 다 알고 다 본다.
왜냐하면 이러한 중생들은 다시는 자아가 있다는
관념, 개아가 있다는 관념, 중생이 있다는 관념,
영혼이 있다는 관념이 없고, 법이라는 관념이 없으며
법이 아니라는 관념도 없기 때문이다.

당지시인 불어일불이불삼사오불 이종선근
當知是人 不於一佛二佛三四五佛 而種善根

이어무량 천만불소 종제선근 문시장구
已於無量 千萬佛所 種諸善根 聞是章句

내지일념 생정신자 수보리 여래실지실견
乃至一念 生淨信者 須菩提 如來悉知悉見

시제중생 득여시무량복덕 하이고
是諸衆生 得如是無量福德 何以故

시제중생 무부아상인상중생상수자상 무법상
是諸衆生 無復我相人相衆生相壽者相 無法相

역무비법상
亦無非法相

월mon 화tue 수wed 목thu 금fri 토sat 일sun   **20**   년   월   일

1
2
3
4
5
6
7
8
9
10
11
12
13
14
15
16
17
18

오늘의 발원   년   월   일

왜냐하면 이러한 중생들이 마음에 관념을 가지면
자아我相 · 개아人相 · 중생衆生相 ·
영혼에 집착하는 것壽者相이고
법이라는 관념을 가지면
자아 · 개아 · 중생 · 영혼에 집착하는 것이기 때문이다.
왜냐하면 법이 아니라는 관념을 가져도
자아 · 개아 · 중생 · 영혼에 집착하는 것이기 때문이다.
그러므로 법에 집착해도 안 되고 법 아닌 것에
집착해서도 안 된다. 그러기에 여래는 늘 설했다.
너희 비구들이여! 나의 설법은 뗏목과 같은 줄 알아라.
법도 버려야 하거늘 하물며 법 아닌 것이랴!"

하이고 시제중생
何以故 是諸衆生

약심취상 즉위착아인중생수자 약취법상
若心取相 則爲着我人衆生壽者 若取法相

즉착아인중생수자 하이고 약취비법상
卽着我人衆生壽者 何以故 若取非法相

즉착아인중생수자 시고 불응취법 불응취비법
卽着我人衆生壽者 是故 不應取法 不應取非法

이시의고 여래상설 여등비구 지아법상
以是義故 如來常說 汝等比丘 知我說法

여벌유자 법상응사 하황비법
如筏喩者 法尙應捨 何況非法

| 월mon | 화tue | 수wed | 목thu | 금fri | 토sat | 일sun | **20** 년 월 일 |

1.
2.
3.
4.
5.
6.
7.
8.
9.
10.
11.
12.
13.
14.
15.
16.
17.
18.

오늘의 발원   년   월   일

7. 깨침과 설법說法이 없음

"수보리여! 그대 생각은 어떠한가? 여래가 가장 높고 바른 깨달음을 얻었는가? 여래가 설한 법이 있는가?"
수보리가 대답하였습니다.
"제가 부처님께서 말씀하신 뜻을 이해하기로는
가장 높고 바른 깨달음이라 할 만한 정해진 법이 없고,
또한 여래께서 설한 단정적인 법도 없습니다.
왜냐하면 여래께서 설한 법은 모두 얻을 수도 없고
설할 수도 없으며, 법도 아니고 법 아님도 아니기 때문입니다.
그것은 모든 성현들이 다 무위법無爲法 속에서
차이가 있는 까닭입니다."

七. 無得無說分

須菩提 於意云何 如來得阿耨多羅三藐三菩提耶

如來有所說法耶 須菩提言 如我解佛所說義

無有定法名阿耨多羅三藐三菩提

亦無有定法如來可說 何以故 如來所說法

皆不可取 不可說 非法 非非法 所以者何

一切賢聖 皆以無爲法 而有差別

| 월mon | 화tue | 수wed | 목thu | 금fri | 토sat | 일sun | **20** 년 월 일 |

1
2
3
4
5
6
7
8
9
10
11
12
13
14
15
16
17
18

오늘의 발원　　　　　　　　　　　　년　월　일

8. 부처와 깨달음의 어머니, 금강경金剛經

"수보리여! 그대 생각은 어떠한가?
어떤 사람이 삼천대천세계三千大天世界에
칠보七寶를 가득 채워 보시한다면
이 사람의 복덕이 진정 많겠는가?"
수보리가 대답하였습니다.
"매우 많습니다, 세존이시여!
왜냐하면 이 복덕은 바로 복덕의 본질이 아닌 까닭에 여래께서는
복덕이 많다고 하셨기 때문입니다."

의법출생분
八. 依法出生分

수보리 어의운하 약인
須菩提 於意云何 若人

만삼천대천세계칠보 이용보시 시인 소득복덕
滿三千大千世界七寶 以用布施 是人 所得福德

영위다부 수보리언 심다세존 하이고 시복덕
寧爲多不 須菩提言 甚多世尊 何以故 是福德

즉비복덕성 시고여래설복덕다
卽非福德性 是故如來說福德多

월mon 화tue 수wed 목thu 금fri 토sat 일sun **20**   년   월   일

1
2
3
4
5
6
7
8
9
10
11
12
13
14
15
16
17
18

오늘의 발원   년   월   일

"다시 어떤 사람이 이 경의 사구게四句偈만이라도
받고 지니고 다른 사람을 위해 설해 준다고 하자.
그러면 이 복이 저 복보다 더 뛰어나다.
왜냐하면 수보리여!
모든 부처님과 모든 부처님의
가장 높고 바른 깨달음의 법은 다 이 경에서 나왔기 때문이다.
수보리여!
부처의 가르침이라고 말하는 것은 부처의 가르침이 아니다."

약부유인 어차경중 수지내지사구게등
若復有人 於此經中 受持乃至四句偈等
위타인설 기복승피 하이고 수보리 일체제불
爲他人說 其福勝彼 何以故 須菩提 一切諸佛
급제불아뇩다라삼먁삼보리법 개종차경출
及諸佛阿耨多羅三藐三菩提法 皆從此經出
수보리 소위불법자 즉비불법
須菩提 所謂佛法者 卽非佛法

| 월mon | 화tue | 수wed | 목thu | 금fri | 토sat | 일sun | **20** 년 월 일 |

1
2
3
4
5
6
7
8
9
10
11
12
13
14
15
16
17
18

오늘의 발원　　　　　　　　　　　　년　월　일

한 자 한 획에 꽃피는 무량공덕 지혜의 사경

33

金剛般若波羅密經

9. 관념과 그 관념의 부정

"수보리여! 그대 생각은 어떠한가?
수다원須陀洹이 '나는 수다원과를 얻었다.'고 생각하겠는가?"
수보리가 대답하였습니다.
"아닙니다, 세존이시여!
왜냐하면 수다원은 '성자의 흐름에 든 자'라고 불리지만
들어간 곳이 없으니
형색, 소리, 냄새, 맛, 감촉, 마음의 대상에 들어가지 않는 것을
수다원이라 하기 때문입니다."

일상무상분
九 一相無相分

수보리 어의운하 수다원 능작시념
須菩提 於意云何 須陀洹 能作是念

아득수다원과부 수보리언 불야세존 하이고
我得須陀洹果不 須菩提言 不也世尊 何以故

수다원 명위입류 이무소입 불입색성향미촉법
須陀洹 名爲入流 而無所入 不入色聲香味觸法

시명수다원
是名須陀洹

| 월mon | 화tue | 수wed | 목thu | 금fri | 토sat | 일sun | **20** 년 월 일 |

1
2
3
4
5
6
7
8
9
10
11
12
13
14
15
16
17
18

오늘의 발원　　　　　　　　　　　　　　　년　월　일

金剛般若波羅密經

"수보리여! 그대 생각은 어떠한가? 사다함^{斯多含}이
'나는 사다함과를 얻었다.'고 생각하겠는가?"
수보리가 대답하였습니다.
"아닙니다, 세존이시여!
왜냐하면 사다함은 '한 번만 돌아올 자'라고 불리지만
실로 돌아옴이 없는 것을 사다함이라 하기 때문입니다."

수보리 어의운하 사다함 능작시념
須菩提 於意云何 斯陀含 能作是念

아득사다함과부 수보리언 불야세존 하이고
我得斯陀含果不 須菩提言 不也世尊 何以故

사다함 명일왕래 이실무왕래 시명사다함
斯陀含 名一往來 而實無往來 是名斯陀含

| 월mon | 화tue | 수wed | 목thu | 금fri | 토sat | 일sun | **20** 년 월 일 |

1.
2.
3.
4.
5.
6.
7.
8.
9.
10.
11.
12.
13.
14.
15.
16.
17.
18.

오늘의 발원　　　　　　　　　　　　　　　　　년　월　일

金剛般若波羅密經

"수보리여! 그대 생각은 어떠한가? 아나함阿那含이
'나는 아나함과를 얻었다.'고 생각하겠는가?"
수보리가 대답하였습니다.
"아닙니다, 세존이시여!
왜냐하면 아나함은 '되돌아오지 않는 자'라고 불리지만
실로 되돌아오지 않음이 없는 것을
아나함이라 하기 때문입니다."

수보리 어의운하 아나함 능작시념
須菩提 於意云何 阿那含 能作是念

아득아나함과부 수보리언 불야세존 하이고
我得阿那含果不 須菩提言 不也世尊 何以故

아나함 명위불래 이실무불래 시고 명아나함
阿那含 名爲不來 而實無不來 是故 名阿那含

월mon 화tue 수wed 목thu 금fri 토sat 일sun   **20**   년   월   일

1.
2.
3.
4.
5.
6.
7.
8.
9.
10.
11.
12.
13.
14.
15.
16.
17.
18.

오늘의 발원　　　　　　　　　　　　　　년　월　일

"수보리여! 그대 생각은 어떠한가?
아라한^{阿羅漢}이 '나는 아라한의 경지를 얻었다.'고 생각하겠는가?"
수보리가 대답하였습니다.
"아닙니다, 세존이시여!
왜냐하면 실제 아라한이라 할 만한 법이 없기 때문입니다.
세존이시여!
아라한이 '나는 아라한의 경지를 얻었다.'고 생각한다면
자아·개아·중생·영혼에 집착하는 것입니다.

수보리 어의운하 아라한 능작시념
須菩提 於意云何 阿羅漢 能作是念

아득아라한도부 수보리언 불야세존 하이고
我得阿羅漢道不 須菩提言 不也世尊 何以故

실무유법명아라한 세존 약아라한 작시념
實無有法名阿羅漢 世尊 若阿羅漢 作是念

아득아라한도 즉위착아인중생수자
我得阿羅漢道 卽爲著我人衆生壽者

월mon 화tue 수wed 목thu 금fri 토sat 일sun   **20**   년   월   일

1
2
3
4
5
6
7
8
9
10
11
12
13
14
15
16
17
18

오늘의 발원   년   월   일

한점 한획에 꽃피는 무량공덕 지혜의 사경

金剛般若波羅密經

세존이시여! 부처님께서 저를
다툼 없는 삼매三昧를 얻은 사람 가운데 제일이고
욕망을 여읜 제일가는 아라한이라고 말씀하셨습니다.
저는 '나는 욕망을 여읜 아라한이다.'라고 생각하지 않습니다.
세존이시여!
제가 '나는 아라한의 경지를 얻었다.'고 생각한다면
세존께서는 '수보리는 적정행寂靜行을 즐기는 사람이다.
수보리는 실로 적정행을 한 것이 없으므로
수보리는 적정행을 즐긴다고 말한다.'라고
설하지 않으셨을 것입니다."

세존 불설아득무쟁삼매인중
世尊 佛說我得無諍三昧人中

최위제일 시제일이욕아라한
最爲第一 是第一離欲阿羅漢

세존 아부작시념 아시이욕아라한
世尊 我不作是念 我是離欲阿羅漢

세존 아약작시념 아득아라한도 세존즉불설
世尊 我若作是念 我得阿羅漢道 世尊即不說

수보리시요아란나행자 이수보리실무소행
須菩提是樂阿蘭那行者 以須菩提實無所行

이명수보리 시요아란나행
而名須菩提 是樂阿蘭那行

월mon 화tue 수wed 목thu 금fri 토sat 일sun   20   년   월   일

1
2
3
4
5
6
7
8
9
10
11
12
13
14
15
16
17
18

오늘의 발원   년   월   일

10. 불국토佛國土의 장엄莊嚴

부처님께서 수보리에게 말씀하셨습니다.
"그대 생각은 어떠한가?
여래가 옛적에 연등부처님 처소에서 법을 얻은 것이 있는가?"
"없습니다, 세존이시여! 여래께서 연등부처님 처소에서
실제로 법을 얻은 것이 없습니다."
"수보리여! 그대 생각은 어떠한가?
보살이 불국토佛國土를 아름답게 꾸미는가?"
"아닙니다, 세존이시여!
왜냐하면 불국토를 아름답게 꾸민다는 것은 아름답게 꾸미는
것이 아니므로 아름답게 꾸민다고 말하기 때문입니다."

十. 莊嚴淨土分
장엄정토분

佛告須菩提 於意云何 如來 昔在燃燈佛所
불고수보리 어의운하 여래 석재연등불소

於法有所得不 不也世尊 如來在燃燈佛所
어법유소득부 불야세존 여래재연등불소

於法實無所得 須菩提 於意云何 菩薩
어법실무소득 수보리 어의운하 보살

莊嚴佛土不 不也世尊 何以故 莊嚴佛土者
장엄불토부 불야세존 하이고 장엄불토자

則非莊嚴 是名莊嚴
즉비장엄 시명장엄

| 월 mon | 화 tue | 수 wed | 목 thu | 금 fri | 토 sat | 일 sun | **20** 년 월 일 |

1.
2.
3.
4.
5.
6.
7.
8.
9.
10.
11.
12.
13.
14.
15.
16.
17.
18.

오늘의 발원   년   월   일

"그러므로 수보리여! 모든 보살마하살은
이와 같이 깨끗한 마음을 내어야 한다.
형색에 집착하지 않고 마음을 내어야 하고 소리, 냄새, 맛, 감촉,
마음의 대상에도 집착하지 않고 마음을 내어야 한다.
마땅히 집착 없이 그 마음을 내어야 한다.
수보리여! 어떤 사람의 몸이
산들의 왕 수미산須彌山만큼 크다면 그대 생각은 어떠한가?
그 몸이 크다고 하겠는가?"
수보리가 대답하였습니다.
"매우 큽니다, 세존世尊이시여!
왜냐하면 부처님께서는 몸 아님을 설하셨으므로
큰 몸이라 말씀하셨기 때문입니다."

시고 수보리 제보살마하살 응여시생청정심
是故 須菩提 諸菩薩摩訶薩 應如是生淸淨心

불응주색생심 불응주성향미촉법생심
不應住色生心 不應住聲香味觸法生心

응무소주 이생기심 수보리 비여유인
應無所住 而生其心 須菩提 譬如有人

신여수미산왕 어의운하 시신위대부 수보리언
身如須彌山王 於意云何 是身爲大不 須菩提言

심대세존 하이고 불설비신 시명대신
甚大世尊 何以故 佛說非身 是名大身

| 월mon | 화tue | 수wed | 목thu | 금fri | 토sat | 일sun | **20**　년　월　일 |

오늘의 발원　　　　　　　　　　　　　　　　년　월　일

11. 무위법無爲法의 뛰어난 복덕福德

"수보리여!
항하의 모래 수만큼 항하가 있다면 그대 생각은 어떠한가?
이 모든 항하恒河의 모래 수는 진정 많다고 하겠는가?"
수보리가 대답하였습니다.
"매우 많습니다, 세존이시여!
항하들만 해도 헤아릴 수 없이 많은데
하물며 그것의 모래이겠습니까?"

十一. 無爲福勝分
무위복승분

須菩提 如恒河中所有沙數 如是沙等恒河
수보리 여항하중소유사수 여시사등항하

於意云何 是諸恒河沙 寧爲多不 須菩提言
어의운하 시제항하사 영위다부 수보리언

甚多世尊 但諸恒河 尙多無數 何況其沙
심다세존 단제항하 상다무수 하황기사

| 월mon | 화tue | 수wed | 목thu | 금fri | 토sat | 일sun | **20**   년   월   일 |

1
2
3
4
5
6
7
8
9
10
11
12
13
14
15
16
17
18

오늘의 발원   년   월   일

金剛般若波羅密經

"수보리여! 내가 지금 진실한 말로 그대에게 말한다.
선남자 선여인이 그 항하 모래 수만큼의 삼천대천세계에 칠보를
가득 채워 보시한다면 그 복덕이 많겠는가?"
수보리가 대답하였습니다.
"매우 많습니다, 세존이시여!"
부처님께서 수보리에게 말씀하셨습니다.
"선남자 선여인이 이 경의 사구게四句偈만이라도
받고 지니고 다른 사람을 위해 설해 준다면
이 복이 저 복보다 더 뛰어나다."

수보리 아금실언 고여 약유선남자선여인
須菩提 我今實言 告汝 若有善男子善女人
이칠보만이소항하사수삼천대천세계 이용보시
以七寶滿爾所恒河沙數三千大千世界 以用布施
득복다부 수보리언 심다세존 불고수보리
得福多不 須菩提言 甚多世尊 佛告須菩提
약선남자선여인 어차경중 내지수지사구게등
若善男子善女人 於此經中 乃至受持四句偈等
위타인설 이차복덕 승전복덕
爲他人說 而此福德 勝前福德

| 월mon | 화tue | 수wed | 목thu | 금fri | 토sat | 일sun | **20**   년   월   일 |

1.
2.
3.
4.
5.
6.
7.
8.
9.
10.
11.
12.
13.
14.
15.
16.
17.
18.

오늘의 발원　　　　　　　　　　　　　　　년　월　일

金剛般若波羅密經

12. 올바른 가르침의 존중尊重

"또한 수보리여!
이 경의 사구게만이라도 설해지는 곳곳마다
어디든지 모든 세상의 천신·인간·아수라가
마땅히 공양할 부처님의 탑묘塔廟임을 알아야 한다.
하물며 이 경 전체를 받고 지니고 읽고 외우는 사람이랴!
수보리여! 이 사람은 가장 높고 가장 경이로운 법을
성취할 것임을 알아야 한다.
이와 같이 경전이 있는 곳은 부처님과
존경받는 제자들이 계시는 곳이다."

十二. 尊重正敎分
존중정교분

復次須菩提 隨說是經
부차수보리 수설시경

乃至四句偈等 當知此處 一切世間天人阿修羅
내지사구게등 당지차처 일체세간천인아수라

皆應供養 如佛塔廟 何況有人盡能受持讀誦
개응공양 여불탑묘 하황유인진능수지독송

須菩提 當知是人成就最上第一希有之法
수보리 당지시인성취최상제일희유지법

若是經典所在之處 則爲有佛 若尊重弟子
약시경전소재지처 즉위유불 약존중제자

| 월mon | 화tue | 수wed | 목thu | 금fri | 토sat | 일sun | **20** 년 월 일 |

1
2
3
4
5
6
7
8
9
10
11
12
13
14
15
16
17
18

오늘의 발원 년 월 일

13. 이 경을 수지受持하는 방법方法

그때 수보리가 부처님께 여쭈었습니다.
"세존이시여! 이 경을 무엇이라 불러야 하며
저희들이 어떻게 받들어 지녀야 합니까?"
부처님께서 수보리에게 말씀하셨습니다.
"이 경의 이름은 '금강반야바라밀金剛般若波羅密'이니,
이 제목으로 너희들은 받들어 지녀야 한다.
그것은 수보리여!
여래는 반야바라밀을 반야바라밀이 아니라 설하였으므로
반야바라밀이라 말한 까닭이다.

여래수지분
十三. 如法受持分

이시
爾時

수보리백불언 세존 당하명차경 아등운하봉지
須菩提白佛言 世尊 當何名此經 我等云何奉持

불고수보리 시경명위금강반야바라밀
佛告須菩提 是經名爲金剛般若波羅蜜

이시명자 여당봉지 소이자하
以是名字 汝當奉持 所以者何

수보리 불설반야바라밀 즉비반야바라밀
須菩提 佛說般若波羅密 卽非般若波羅密

시명반야바라밀
是名般若波羅密

월mon 화tue 수wed 목thu 금fri 토sat 일sun   **20**   년   월   일

1
2
3
4
5
6
7
8
9
10
11
12
13
14
15
16
17
18

오늘의 발원   년   월   일

수보리여! 그대 생각은 어떠한가?
여래가 설한 법이 있는가?"
수보리가 부처님께 말씀드렸습니다.
"세존이시여! 여래께서는 설하신 법이 없습니다."
"수보리여! 그대 생각은 어떠한가? 삼천대천세계三千大千世界를
이루고 있는 티끌이 많다고 하겠는가?"
수보리가 대답하였습니다.
"매우 많습니다, 세존이시여!"
"수보리여! 여래는 티끌들을 티끌이 아니라고
설하였으므로 티끌이라 말한다.
여래는 세계를 세계가 아니라고 설하였으므로
세계라고 말한다.

수보리 어의운하 여래유소설법부
須菩提 於意云何 如來有所說法不

수보리백불언 세존 여래무소설
須菩提白佛言 世尊 如來無所說

수보리 어의운하 삼천대천세계 소유미진
須菩提 於意云何 三千大千世界 所有微塵

시위다부 수보리언 심다세존 수보리 제미진
是爲多不 須菩提言 甚多世尊 須菩提 諸微塵

여래설비미진 시명미진 여래설세계 비세계
如來說非微塵 是名微塵 如來說世界 非世界

시명세계
是名世界

월mon 화tue 수wed 목thu 금fri 토sat 일sun   **20**   년   월   일

1.
2.
3.
4.
5.
6.
7.
8.
9.
10.
11.
12.
13.
14.
15.
16.
17.
18.

오늘의 발원   년   월   일

한잠 한획에 꽃피는 무량공덕 지혜의 사경

金剛般若波羅密經

수보리여! 그대 생각은 어떠한가?
서른두 가지 신체적 특징을 가지고 여래라고 볼 수 있는가?"
"없습니다, 세존이시여! 서른두 가지 신체적 특징을 가지고
여래라고 볼 수는 없습니다.
왜냐하면 여래께서는 서른두 가지 신체적 특징은
신체적 특징이 아니라고 설하셨으므로
서른두 가지 신체적 특징이라고 말씀하셨기 때문입니다."
"수보리여! 어떤 선남자善男子 선여인善女人이
항하의 모래 수만큼 목숨을 보시한다고 하자.
또 어떤 사람이 이 경의 사구게四句偈만이라도
받고 지니고 다른 사람을 위해 설해 준다고 하자.
그러면 이 복이 저 복보다 더욱 많으리라."

수보리 어의운하 가이삼십이상
須菩提 於意云何 可以三十二相

견여래부 불야세존 불가이삼십이상
見如來不 不也世尊 不可以三十二相

득견여래 하이고 여래설삼십이상 즉시비상
得見如來 何以故 如來說三十二相 卽是非相

시명삼십이상 수보리 약유선남자선여인
是名三十二相 須菩提 若有善男子善女人

이항하사등신명보시 약부유인 어차경중
以恒河沙等身命布施 若復有人 於此經中

내지수지사구게등 위타인설 기복심다
乃至受持四句偈等 爲他人說 其福甚多

월mon 화tue 수wed 목thu 금fri 토sat 일sun **20** 년 월 일

1
2
3
4
5
6
7
8
9
10
11
12
13
14
15
16
17
18

오늘의 발원   년   월   일

金剛般若波羅密經

14. 관념觀念을 떠난 열반涅槃

그때 수보리가 이 경 설하심을 듣고 뜻을 깊이 이해하여 감격의
눈물을 흘리며 부처님께 말씀드렸습니다.
"경이롭습니다, 세존이시여!
제가 지금까지 얻은 혜안慧眼으로는 부처님께서
이같이 깊이 있는 경전 설하심을 들은 적이 없습니다.
세존이시여! 만일 어떤 사람이 이 경을 듣고 믿음이 청정해지면
바로 궁극적 지혜가 일어날 것이니,
이 사람은 가장 경이로운 공덕을 성취할 것임을
알아야 합니다.

十四. 離相寂滅分 (이상적멸분)

爾時 須菩提 聞說是經 深解義趣 涕淚悲泣
(이시 수보리 문설시경 심해의취 체루비읍)

而白佛言 希有世尊 佛說如是甚深經典
(이백불언 희유세존 불설여시심심경전)

我從昔來所得慧眼 未曾得聞如是之經
(아종석래소득혜안 미증득문여시지경)

世尊 若復有人 得聞是經 信心淸淨 則生實相
(세존 약부유인 득문시경 신심청정 즉생실상)

當知是人 成就第一希有功德
(당지시인 성취제일희유공덕)

월mon 화tue 수wed 목thu 금fri 토sat 일sun **20** 년 월 일

1.
2.
3.
4.
5.
6.
7.
8.
9.
10.
11.
12.
13.
14.
15.
16.
17.
18.

오늘의 발원　　　　　　　　　　　　　　년　월　일

세존이시여!
이 궁극적 지혜라는 것은 궁극적 지혜가 아닌 까닭에 여래께서는
궁극적 지혜라고 말씀하셨습니다.
세존이시여! 제가 지금 이 같은 경전을 듣고서 믿고 이해하고
받고 지니기는 어렵지 않습니다.
그러나 미래 오백 년 뒤에도 어떤 중생이
이 경전을 듣고 믿고 이해하고 받고 지닌다면
이 사람은 가장 경이로울 것입니다.
왜냐하면 이 사람은 자아가 있다는 관념, 개아가 있다는 관념,
중생이 있다는 관념, 영혼이 있다는 관념이 없기 때문입니다.
그것은 자아가 있다는 관념은 관념이 아니며,
개아가 있다는 관념, 중생이 있다는 관념,
영혼이 있다는 관념은 관념이 아닌 까닭입니다.

세존 시실상자 즉시비상 시고 여래설명실상
世尊 是實相者 則是非相 是故 如來說名實相

세존 아금득문여시경전 신해수지 부족위난
世尊 我今得聞如是經典 信解受持 不足爲難

약당래세 후오백세 기유중생 득문시경
若當來世 後五百歲 其有衆生 得聞是經

신해수지 시인즉위제일희유 하이고 차인
信解受持 是人卽爲第一希有 何以故 此人

무아상무인상무중생상무수자상 소이자하
無我相無人相無衆生相無壽者相 所以者何

아상즉시비상 인상중생상수자상즉시비상
我相卽是非相 人相衆生相壽者相卽是非相

월 mon 화 tue 수 wed 목 thu 금 fri 토 sat 일 sun   **20**   년   월   일

1.
2.
3.
4.
5.
6.
7.
8.
9.
10.
11.
12.
13.
14.
15.
16.
17.
18.

오늘의 발원   년   월   일

왜냐하면 모든 관념을 떠난 이를
부처님이라 말하기 때문입니다."
부처님께서 수보리에게 말씀하셨습니다.
"그렇다, 그렇다. 만일 어떤 사람이 이 경을 듣고 놀라지도 않고
무서워하지도 않고 두려워하지도 않는다면
이 사람은 매우 경이로운 줄 알아야 한다.
왜냐하면 수보리여!
여래는 최고의 바라밀波羅蜜을 최고의 바라밀이 아니라고
설하였으므로 최고의 바라밀이라 말하기 때문이다.

하이고 이일체제상 즉명제불
何以故 離一切諸相 卽名諸佛

불고수보리 여시여시 약부유인 득문시경
佛告須菩提 如是如是 若復有人 得聞是經

불경불포불외 당지시인 심위희유 하이고
不驚不怖不畏 當知是人 甚爲希有 何以故

수보리 여래설제일바라밀 즉비제일바라밀
須菩提 如來說第一波羅蜜 卽非第一波羅蜜

시명제일바라밀
是名第一波羅蜜

월mon 화tue 수wed 목thu 금fri 토sat 일sun   20   년 월 일

1
2
3
4
5
6
7
8
9
10
11
12
13
14
15
16
17
18

오늘의 발원　　　　　　　　　　　　년　월　일

金剛般若波羅密經

수보리여! 인욕忍辱바라밀을
여래는 인욕바라밀이 아니라고 설하였다.
왜냐하면 수보리여!
내가 옛적에 가리왕에게 온 몸을 마디마디 잘렸을 때,
나는 자아가 있다는 관념, 개아가 있다는 관념, 중생이 있다는
관념, 영혼이 있다는 관념이 없었기 때문이다.
왜냐하면 내가 옛날 마디마디 사지가 잘렸을 때,
자아가 있다는 관념, 개아가 있다는 관념, 중생이 있다는 관념,
영혼이 있다는 관념이 있었다면
성내고 원망하는 마음이 생겼을 것이기 때문이다.

수보리 인욕바라밀
須菩提 忍辱波羅蜜

여래설비인욕바라밀 시명인욕바라밀
如來說非忍辱波羅蜜 是名忍辱波羅蜜

하이고 수보리 여아석위가리왕
何以故 須菩提 如我昔爲歌利王

할절신체 아어이시 무아상 무인상 무중생상
割截身體 我於爾時 無我相 無人相 無衆生相

무수자상 하이고 아어왕석절절지해시
無壽者相 何以故 我於往昔節節支解時

약유아상인상중생상수자상 응생진한
若有我相人相衆生相壽者相 應生瞋恨

| 월mon | 화tue | 수wed | 목thu | 금fri | 토sat | 일sun | **20** 년 월 일 |

1
2
3
4
5
6
7
8
9
10
11
12
13
14
15
16
17
18

오늘의 발원　　　　　　　　　　　　　　　년　월　일

수보리여! 여래는 과거 오백 생 동안 인욕忍辱수행자였는데
그때 자아가 있다는 관념이 없었고,
개아가 있다는 관념이 없었고, 중생이 있다는 관념이 없었고,
영혼이 있다는 관념이 없었다.
그러므로 수보리여! 보살은 모든 관념을 떠나
가장 높고 바른 깨달음의 마음을 내어야 한다.
형색에 집착 없이 마음을 내어야 하며 소리, 냄새, 맛, 감촉,
마음의 대상에도 집착 없이 마음을 내어야 한다.
마땅히 집착 없이 마음을 내어야 한다.
마음에 집착이 있다면 그것은 올바른 삶이 아니다.
그러므로 보살은 형색에 집착 없는 마음으로 보시布施해야 한다고
여래는 설하였다.

수보리 우념과거어오백세
須菩提 又念過去於五百世

작인욕선인 어이소세 무아상
作忍辱仙人 於爾所世 無我相

무인상 무중생상 무수자상 시고 수보리
無人相 無衆生相 無壽者相 是故 須菩提

보살 응리일체상 발아뇩다라삼먁삼보리심
菩薩 應離一切相 發阿耨多羅三藐三菩提心

불응주색생심 불응주성향미촉법생심
不應住色生心 不應住聲香味觸法生心

응생무소주심 약심유주 즉위비주 시고
應生無所住心 若心有住 卽爲非住 是故

불설보살 심불응주색보시
佛說菩薩 心不應住色布施

월 mon 화 tue 수 wed 목 thu 금 fri 토 sat 일 sun   **20**   년   월   일

1
2
3
4
5
6
7
8
9
10
11
12
13
14
15
16
17
18

오늘의 발원   년   월   일

金剛般若波羅密經

수보리여!
보살은 모든 중생을 이롭게 하기 위해
이와 같이 보시해야 한다.
여래는 모든 중생이란 관념은 중생이란 관념이 아니라고 설하고,
또 모든 중생도 중생이 아니라고 설한다.
수보리여! 여래는 바른 말을 하는 이고眞語者,
참된 말을 하는 이며實語者, 이치에 맞는 말을 하는 이고如語者,
속임 없이 말하는 이며不誑語者,
사실대로 말하는 이다.
수보리여!
여래가 얻은 법에는 진실도 없고 거짓도 없다.

수보리 보살 위이익일체중생 응여시보시
須菩提 菩薩 爲利益一切衆生 應如是布施
여래설일체제상 즉시비상 우설일체중생
如來說一切諸相 卽是非相 又說一切衆生
즉비중생 수보리 여래 시진어자 실어자
則非衆生 須菩提 如來 是眞語者 實語者
여어자 불광어자 불이어자 수보리 여래소득법
如語者 不誑語者 不異語者 須菩提 如來所得法
차법 무실무허
此法 無實無虛

월mon 화tue 수wed 목thu 금fri 토sat 일sun   20 년 월 일

1
2
3
4
5
6
7
8
9
10
11
12
13
14
15
16
17
18

오늘의 발원   년   월   일

한 점 한 획에 꽃피는 무량공덕 지혜의 사경

金剛般若波羅密經

수보리여!
보살이 대상에 집착하는 마음으로 보시하는 것은
마치 사람이 어둠 속에 들어가면 아무것도 볼 수 없는 것과 같고,
보살이 대상에 집착하지 않는 마음으로 보시하는 것은 마치 눈 있는 사람에게 햇빛이 밝게 비치면 갖가지 모양을 볼 수 있는 것과 같다.
수보리여!
미래에 선남자 선여인이 이 경전을 받고 지니고 읽고 외운다면 여래는 부처의 지혜로 이 사람들이 모두 한량없는 공덕(功德)을 성취하게 될 것임을 다 알고 다 본다."

수보리 약보살 심주어법
須菩提 若菩薩 心住於法

이행보시 여인입암 즉무소견 약보살 심부주법
而行布施 如人入暗 則無所見 若菩薩 心不住法

이행보시 여인유목 일광명조 견종종색
而行布施 如人有目 日光明照 見種種色

수보리 당래지세 약유선남자선여인 능어차경
須菩提 當來之世 若有善男子善女人 能於此經

수지독송 즉위여래 이불지혜 실지시인
受持讀誦 則爲如來 以佛智慧 悉知是人

실견시인 개득성취무량무변공덕
悉見是人 皆得成就無量無邊功德

월mon 화tue 수wed 목thu 금fri 토sat 일sun   **20**   년   월   일

1
2
3
4
5
6
7
8
9
10
11
12
13
14
15
16
17
18

오늘의 발원   년   월   일

15. 경을 수지受持하는 공덕

"수보리여! 선남자 선여인이 아침나절에 항하의
모래 수만큼 몸을 보시하고, 점심나절에 항하의 모래 수만큼
몸을 보시하며, 저녁나절에 항하의 모래 수만큼 몸을 보시하여,
이와 같이 한량없는 시간 동안 몸을 보시한다고 하자.
또 어떤 사람이 이 경의 말씀을 듣고
비방하지 않고 믿는다고 하자.
그러면 이 복은 저 복보다 더 뛰어나다.
하물며 이 경전을 베껴 쓰고 받고 지니고 읽고 외우고
다른 이를 위해 설명해 줌이랴!

十五. 持經功德分 (지경공덕분)

須菩提 (수보리)

若有善男子善女人 初日分 以恒河沙等身布施
(약유선남자선여인 초일분 이항하사등신보시)

中日分 復以恒河沙等身布施 後日分
(중일분 부이항하사등신보시 후일분)

亦以恒河沙等身布施 如是無量百千萬億劫
(역이항하사등신보시 여시무량백천만억겁)

以身布施 若復有人 聞此經典 信心不逆
(이신보시 약부유인 문차경전 신심불역)

其福勝彼 何況書寫受持讀誦 爲人解說
(기복승피 하황서사수지독송 위인해설)

| 월mon | 화tue | 수wed | 목thu | 금fri | 토sat | 일sun | **20** 년 월 일 |

1.
2.
3.
4.
5.
6.
7.
8.
9.
10.
11.
12.
13.
14.
15.
16.
17.
18.

오늘의 발원 년 월 일

金剛般若波羅密經

수보리여!
간단하게 말하면 이 경에는 생각할 수도 없고 헤아릴 수도 없는 한없는 공덕이 있다.
여래는 대승大乘에 나아가는 이를 위해 설하며 최상승最上乘에 나아가는 이를 위해 설한다.
어떤 사람이 이 경을 받고 지니고 읽고 외워
널리 다른 사람을 위해 설해 준다면
여래는 이 사람들이 헤아릴 수 없고 말할 수 없으며
한없고 생각할 수 없는 공덕을 성취할 것임을 다 알고 다 본다.
이와 같은 사람들은 여래의 가장 높고 바른 깨달음을
감당하게 될 것이다.

수 보 리
須菩提

이요언지 시경 유불가사의불가칭량무변공덕
以要言之 是經 有不可思議不可稱量無邊功德

여래위발대승자설 위발최상승자설약유인
如來爲發大乘者說 爲發最上乘者說若有人

능수지독송 광위인설 여래실지시인 실견시인
能受持讀誦 廣爲人說 如來悉知是人 悉見是人

개득성취불가량불가칭무유변불가사의공덕
皆得成就不可量不可稱無有邊不可思議功德

여시인등 즉위하담여래아뇩다라삼먁삼보리
如是人等 卽爲荷擔如來阿耨多羅三藐三菩提

| 월 mon | 화 tue | 수 wed | 목 thu | 금 fri | 토 sat | 일 sun | **20** 년 월 일 |

1
2
3
4
5
6
7
8
9
10
11
12
13
14
15
16
17
18

오늘의 발원　　　　　　　　　　　　　　년　월　일

한 걸음 한 걸음에 꽃피는 무량공덕 지혜의 사경

金剛般若波羅密經

왜냐하면 수보리여! 소승법小乘法을 좋아하는 자가
자아가 있다는 견해, 개아가 있다는 견해, 중생이 있다는 견해,
영혼이 있다는 견해에 집착한다면
이 경을 듣고 받고 읽고 외우며 다른 사람을 위해
설명해 주지 못하기 때문이다.
수보리여!
이 경전이 있는 곳은 어디든지 모든 세상의
천신·인간·아수라들에게 공양供養을 받을 것이다.
이곳은 바로 탑塔이 되리니 모두가 공경恭敬하고 예배禮拜하고
돌면서
그곳에 여러 가지 꽃과 향을 뿌릴 것임을 알아야 한다."

하 이 고
何以故

수보리 약요소법자 착아견인견중생견수자견
須菩提 若樂小法者 着我見人見衆生見壽者見

즉어차경 불능청수독송 위인해설 수보리
則於此經 不能聽受讀誦 爲人解說 須菩提

재재처처 약유차경 일체세간천인아수라
在在處處 若有此經 一切世間天人阿修羅

소응공양 당지차처 즉위시탑 개응공경
所應供養 當知此處 卽爲是塔 皆應恭敬

작례위요 이제화향 이산기처
作禮圍繞 以諸華香 而散其處

월mon 화tue 수wed 목thu 금fri 토sat 일sun   **20**   년   월   일

1.
2.
3.
4.
5.
6.
7.
8.
9.
10.
11.
12.
13.
14.
15.
16.
17.
18.

한 걸음 한 획에 꽃피는 무량공덕 지혜의 사경

金剛般若波羅密經

오늘의 발원   년   월   일

16. 업장業障을 맑히는 공덕

"또한 수보리여! 이 경을 받고 지니고 읽고 외우는 선남자
선여인이 남에게 천대賤待와 멸시蔑視를 당한다면
이 사람이 전생前生에 지은 죄업罪業으로는 악도惡道에 떨어져야
마땅하겠지만, 금생今生에 다른 사람의 천대와 멸시를 받았기
때문에 전생의 죄업이 소멸되고 반드시 가장 높고 바른 깨달음을
얻게 될 것이다.
수보리여! 나는 연등부처님을 만나기 전
과거 한량없는 아승기겁 동안 팔백 사천 만억 나유타의
여러 부처님을 만나 모두 공양하고 받들어 섬기며
그냥 지나친 적이 없었음을 기억한다.

능정업장분
十六. 能淨業障分
부차 수보리
復次 須菩提
선남자선여인 수지독송차경 약위인경천
善男子善女人 受持讀誦此經 若爲人輕賤
시인 선세죄업 응타악도 이금세인경천고
是人 先世罪業 應墮惡道 以今世人輕賤故
선세죄업 즉위소멸 당득아뇩다라삼먁삼보리
先世罪業 則爲消滅 當得阿耨多羅三藐三菩提
수보리 아념과거무량아승지겁 어연등불전
須菩提 我念過去無量阿僧祇劫 於然燈佛前
득치팔백사천만억나유타제불 실개공양승사
得值八百四千萬億那由他諸佛 悉皆供養承事
무공과자
無空過者

| 월mon | 화tue | 수wed | 목thu | 금fri | 토sat | 일sun | **20** 년 월 일 |

1
2
3
4
5
6
7
8
9
10
11
12
13
14
15
16
17
18

오늘의 발원　　　　　　　　　　　년　월　일

만일 어떤 사람이 정법正法이 쇠퇴할 때
이 경을 잘 받고 지니고 읽고 외워서 얻은 공덕에 비하면, 내가
여러 부처님께 공양한 공덕은 백百에 하나에도
미치지 못하고 천千에 하나 만萬에 하나 억億에 하나에도 미치지
못하며 더 나아가서
어떤 셈이나 비유로도 미치지 못한다.
수보리여! 선남자 선여인이 정법이 쇠퇴할 때
이 경을 받고 지니고 읽고 외워서 얻는 공덕을
내가 자세히 말한다면, 아마도 이 말을 듣는 이는
마음이 어지러워서 의심하고 믿지 않을 것이다.
수보리여! 이 경은 뜻이 불가사의하며 그 과보果報도
불가사의不可思議함을 알아야 한다."

약부유인 어후말세 능수지독송차경
若復有人 於後末世 能受持讀誦此經

소득공덕 어아소공양제불공덕 백분불급일
所得功德 於我所供養諸佛功德 百分不及一

천만억분 내지산수비유 소불능급 수보리
千萬億分 乃至算數譬喻 所不能及 須菩提

약선남자 선여인 어후말세 유수지독송차경
若善男子 善女人 於後末世 有受持讀誦此經

소득공덕 아약구설자 혹유인문 심즉광란
所得功德 我若具說者 或有人聞 心卽狂亂

호의불신 수보리 당지 시경의 불가사의
狐疑不信 須菩提 當知 是經義 不可思議

과보역불가사의
果報亦不可思議

월mon 화tue 수wed 목thu 금fri 토sat 일sun   **20**   년   월   일

1
2
3
4
5
6
7
8
9
10
11
12
13
14
15
16
17
18

오늘의 발원   년   월   일

한 점 한 획에 꽃피는 무량공덕 지혜의 사경

金剛般若波羅密經

17. 궁극의 가르침, 무아無我

그때 수보리가 부처님께 여쭈었습니다.
"세존이시여! 가장 높고 바른 깨달음을 얻고자 하는
선남자 선여인은 어떻게 살아야 하며
어떻게 그 마음을 다스려야 합니까?"
부처님께서 수보리에게 말씀하셨습니다.
"가장 높고 바른 깨달음을 얻고자 하는
선남자 선여인은 이러한 마음을 일으켜야 한다.
'나는 일체 중생을 열반에 들게 하리라.
일체 중생을 열반에 들게 하였지만
실제로는 아무도 열반을 얻은 중생이 없다.'

구경무아분
第十七. 究竟無我分

이시 수보리백불언
爾時 須菩提白佛言

세존 선남자선여인 발아뇩다라삼먁삼보리심
世尊 善男子善女人 發阿耨多羅三藐三菩提心

운하응주 운하항복기심 불고수보리
云何應住 云何降伏其心 佛告須菩提

약 선남자선여인 발아뇩다라삼먁삼보리심자
若善男子善女人 發阿耨多羅三藐三菩提心者

당생여시심 아응멸도일체중생
當生如是心 我應滅度一切衆生

멸도일체중생이 이무유일중생실멸도자
滅度一切衆生已 而無有一衆生實滅度者

월mon 화tue 수wed 목thu 금fri 토sat 일sun   **20**   년   월   일

1
2
3
4
5
6
7
8
9
10
11
12
13
14
15
16
17
18

오늘의 발원   년   월   일

왜냐하면 수보리여! 보살에게 자아가 있다는 관념,
개아가 있다는 관념, 중생이 있다는 관념,
영혼이 있다는 관념이 있다면 보살이 아니기 때문이다.
그것은 수보리여! 가장 높고 바른 깨달음에 나아가는 자라
할 법이 실제로 없는 까닭이다.
수보리여! 그대 생각은 어떠한가?
여래가 연등부처님 처소에서 얻은 가장 높고
바른 깨달음이라 할 법이 있었는가?"
"아닙니다, 세존이시여! 제가 부처님께서 말씀하신 뜻을
이해하기로는 부처님께서 연등부처님 처소에서 얻으신
가장 높고 바른 깨달음이라 할 법이 없습니다."

하이고 수보리 약보살
何以故 須菩提 若菩薩

유아상인상중생상수자상 즉비보살 소이자하
有我相人相衆生相壽者相 則非菩薩 所以者何

수보리 실무유법 발아뇩다라삼먁삼보리심자
須菩提 實無有法 發阿耨多羅三藐三菩提心者

수보리 어의운하 여래
須菩提 於意云何 如來

어연등불소 유법득아뇩다라삼먁삼보리부
於然燈佛所 有法得阿耨多羅三藐三菩提不

불야세존 여아해불소설의 불어연등불소
不也世尊 如我解佛所說義 佛於然燈佛所

무유법득아뇩다라삼먁삼보리
無有法得阿耨多羅三藐三菩提

| 월mon | 화tue | 수wed | 목thu | 금fri | 토sat | 일sun | **20** 년 월 일 |

1.
2.
3.
4.
5.
6.
7.
8.
9.
10.
11.
12.
13.
14.
15.
16.
17.
18.

오늘의 발원　　　　　　　　　　　년　월　일

부처님께서 말씀하셨습니다.
"그렇다, 그렇다. 수보리여!
여래가 가장 높고 바른 깨달음을 얻은 법이 실제로 없다.
수보리여! 여래가 가장 높고 바른 깨달음을 얻은 법이 있었다면
연등부처님께서 내게 '그대는 내세에 석가모니라는 이름의
부처가 될 것이다.'라고 수기授記하지 않았을 것이다.
가장 높고 바른 깨달음을 얻은 법이 실제로 없었으므로
연등부처님께서 내게 '그대는 내세에는 반드시 석가모니라는
이름의 부처가 될 것이다.'라고 수기하셨던 것이다.
왜냐하면 여래는 모든 존재의 진실한 모습을
의미하기 때문이다.

불언 여시여시 수보리
佛言 如是如是 須菩提

실무유법여래득아뇩다라삼먁삼보리 수보리
實無有法如來得阿耨多羅三藐三菩提 須菩提

약유법여래득아뇩다라삼먁삼보리자 연등불
若有法如來得阿耨多羅三藐三菩提者 然燈佛

즉불여아수기 여어래세 당득작불 호석가모니
卽不與我授記 汝於來世 當得作佛 號釋迦牟尼

이실무유법득아뇩다라삼먁삼보리 시고
以實無有法得阿耨多羅三藐三菩提 是故

연등불 여아수기 작시언 여어래세 당득작불
然燈佛 與我授記 作是言 汝於來世 當得作佛

호석가모니 하이고 여래자 즉제법여의
號釋迦牟尼 何以故 如來者 卽諸法如義

월mon 화tue 수wed 목thu 금fri 토sat 일sun   **20** 년 월 일

1
2
3
4
5
6
7
8
9
10
11
12
13
14
15
16
17
18

오늘의 발원   년   월   일

金剛般若波羅密經

어떤 사람이 여래가 가장 높고 바른 깨달음을 얻었다고 말한다면,
수보리여! 여래가 가장 높고 바른 깨달음을
얻은 법이 실제로 없다.
수보리여! 여래가 얻은 가장 높고 바른 깨달음에는
진실도 없고 거짓도 없다.
그러므로 여래는 '일체법이 모두 불법이다.'라고 설한다.
수보리여! 일체법一切法이라 말한 것은
일체법이 아닌 까닭에 일체법이라 말한다.

약유인언 여래득아뇩다라삼먁삼보리
若有人言 如來得阿耨多羅三藐三菩提

수보리 실무유법불득아뇩다라삼먁삼보리
須菩提 實無有法佛得阿耨多羅三藐三菩提

수보리 여래소득아뇩다라삼먁삼보리 어시중
須菩提 如來所得阿耨多羅三藐三菩提 於是中

무실무허 시고 여래설 일체법 개시불법
無實無虛 是故 如來說 一切法 皆是佛法

수보리 소언일체법자 즉비일체법 시고
須菩提 所言一切法者 卽非一切法 是故

명일체법
名一切法

월mon 화tue 수wed 목thu 금fri 토sat 일sun   **20**   년   월   일

1
2
3
4
5
6
7
8
9
10
11
12
13
14
15
16
17
18

오늘의 발원   년   월   일

수보리여! 예컨대 사람의 몸이 매우 큰 것과 같다."
수보리가 말하였습니다.
"세존이시여! 여래께서 사람의 몸이 매우 크다는 것은
큰 몸이 아니라고 설하셨으므로 큰 몸이라 말씀하셨습니다."
"수보리여! 보살도 역시 그러하다.
'나는 반드시 한량없는 중생을 제도하리라.'
말한다면 보살이라 할 수 없다.
왜냐하면 수보리여! 보살이라 할 만한 법이
실제로 없기 때문이다.
그러므로 여래는 모든 법에 자아도 없고,
개아도 없고, 중생도 없고, 영혼도 없다고 설한 것이다.

수보리 비여인신장대 수보리언 세존
須菩提 譬如人身長大 須菩提言 世尊
여래설인신장대 즉위비대신 시명대신 수보리
如來說人身長大 卽爲非大身 是名大身 須菩提
보살역여시 약작시언 아당멸도무량중생
菩薩亦如是 若作是言 我當滅度無量衆生
즉불명보살 하이고 수보리 실무유법명위보살
卽不名菩薩 何以故 須菩提 實無有法名爲菩薩
시고 불설일체법 무아무인무중생무수자
是故 佛說一切法 無我無人無衆生無壽者

| 월mon | 화tue | 수wed | 목thu | 금fri | 토sat | 일sun | **20** 년 월 일 |

1
2
3
4
5
6
7
8
9
10
11
12
13
14
15
16
17
18

오늘의 발원 년 월 일

수보리여! 보살이 '나는 반드시 불국토를 장엄莊嚴하리라.'
말한다면 이는 보살이라 할 수 없다.
왜냐하면 여래는 불국토를 장엄한다는 것은
장엄하는 것이 아니라고 설하였으므로
장엄한다고 말하기 때문이다.
수보리여! 보살이 무아無我의 법에 통달한다면 여래는
이런 이를 진정한 보살이라 부른다."

수보리 약보살작시언 아당장엄불토
須菩提 若菩薩作是言 我當莊嚴佛土

시불명보살 하이고 여래설장엄불토자
是不名菩薩 何以故 如來說莊嚴佛土者

즉비장엄 시명장엄 수보리 약보살
卽非莊嚴 是名莊嚴 須菩提 若菩薩

통달무아법자 여래설명진시보살
通達無我法者 如來說名眞是菩薩

월mon 화tue 수wed 목thu 금fri 토sat 일sun   **20**   년   월   일

1.
2.
3.
4.
5.
6.
7.
8.
9.
10.
11.
12.
13.
14.
15.
16.
17.
18.

오늘의 발원   년   월   일

金剛般若波羅密經

18. 분별없이 관찰함

"수보리여! 그대 생각은 어떠한가? 여래에게 육안肉眼이 있는가?"
"그렇습니다, 세존이시여! 여래에게는 육안이 있습니다."
"수보리여! 그대 생각은 어떠한가? 여래에게 천안天眼이 있는가?"
"그렇습니다, 세존이시여! 여래에게는 천안이 있습니다."
"수보리여! 그대 생각은 어떠한가? 여래에게 혜안慧眼이 있는가?"
"그렇습니다, 세존이시여! 여래에게는 혜안이 있습니다."
"수보리여! 그대 생각은 어떠한가? 여래에게 법안法眼이 있는가?"
"그렇습니다, 세존이시여! 여래에게는 법안이 있습니다."

일체동관분
十八. 一體同觀分

수보리 어의운하 여래유육안부 여시세존
須菩提 於意云何 如來有肉眼不 如是世尊

여래유육안 수보리 어의운하 여래유천안부
如來有肉眼 須菩提 於意云何 如來有天眼不

여시세존 여래유천안 수보리 어의운하
如是世尊 如來有天眼 須菩提 於意云何

여래유혜안부 여시세존 여래유혜안 수보리
如來有慧眼不 如是世尊 如來有慧眼 須菩提

어의운하 여래유법안부 여시세존 여래유법안
於意云何 如來有法眼不 如是世尊 如來有法眼

월mon 화tue 수wed 목thu 금fri 토sat 일sun　**20**　년　월　일

1
2
3
4
5
6
7
8
9
10
11
12
13
14
15
16
17
18

오늘의 발원　　　　　　　　　년　월　일

金剛般若波羅密經

"수보리여! 그대 생각은 어떠한가?
여래에게 불안佛眼이 있는가?"
"그렇습니다, 세존이시여! 여래에게는 불안이 있습니다."
"수보리여! 그대 생각은 어떠한가?
여래는 항하의 모래에 대해서 설하였는가?"
"그렇습니다, 세존이시여! 여래는 이 모래에 대해 설하셨습니다."
"수보리여! 그대 생각은 어떠한가?
한 항하의 모래와 같이 이런 모래만큼의 항하가 있고,
이 여러 항하의 모래 수만큼 부처님 세계가 그만큼 있다면
진정 많다고 하겠는가?"
"매우 많습니다, 세존이시여!"

수보리 어의운하 여래유불안부 여시세존
須菩提 於意云何 如來有佛眼不 如是世尊

여래유불안
如來有佛眼

수보리 어의운하 여항하중소유사
須菩提 於意云何 如恒河中所有沙

불설시사부 여시세존 여래설시사 수보리
佛說是沙不 如是世尊 如來說是沙 須菩提

어의운하 여일항하중소유사 유여시사등항하
於意云何 如一恒河中所有沙 有如是沙等恒河

시제항하소유사수불세계 여시영위다부
是諸恒河所有沙數佛世界 如是寧爲多不

심다세존
甚多世尊

월mon 화tue 수wed 목thu 금fri 토sat 일sun   **20**   년   월   일

1.
2.
3.
4.
5.
6.
7.
8.
9.
10.
11.
12.
13.
14.
15.
16.
17.
18.

오늘의 발원   년   월   일

부처님께서 수보리에게 말씀하셨습니다.
"그 국토에 있는 중생의 여러 가지 마음을 여래는 다 안다.
왜냐하면 여래는 여러 가지 마음이 모두 다 마음이 아니라
설하였으므로 마음이라 말하기 때문이다.
그것은 수보리여!
과거의 마음도 얻을 수 없고 현재의 마음도 얻을 수 없고 미래의
마음도 얻을 수 없는 까닭이다."

불고수보리 이소국토중 소유중생 약간종심
佛告須菩提 爾所國土中 所有衆生 若干種心

여래실지 하이고 여래설제심 개위비심
如來悉知 何以故 如來說諸心 皆爲非心

시명위심 소이자하 수보리 과거심불가득
是名爲心 所以者何 須菩提 過去心不可得

현재심불가득 미래심불가득
現在心不可得 未來心不可得

월mon 화tue 수wed 목thu 금fri 토sat 일sun   **20**   년   월   일

1
2
3
4
5
6
7
8
9
10
11
12
13
14
15
16
17
18

오늘의 발원   년   월   일

19. 복덕福德 아닌 복덕

"수보리여! 그대 생각은 어떠한가?
어떤 사람이 삼천대천세계에 칠보를 가득 채워 보시한다면
이 사람이 이러한 인연으로 많은 복덕을 얻겠는가?"
"그렇습니다, 세존이시여! 그 사람이 이러한 인연因緣으로 매우
많은 복덕을 얻을 것입니다."
"수보리여! 복덕이 실로 있는 것이라면
여래는 많은 복덕을 얻는다고 말하지 않았을 것이다.
복덕이 없기 때문에 여래는 많은 복덕을 얻는다고
말한 것이다."

十九. 法界通化分

須菩提 於意云何 若有人 滿三千大千世界七寶

以用布施 是人 以是因緣 得福多不

如是世尊 此人 以是因緣 得福甚多 須菩提

若福德有實 如來不說得福德多 以福德無故

如來說得福德多

| 월mon | 화tue | 수wed | 목thu | 금fri | 토sat | 일sun | **20** 년 월 일 |

1
2
3
4
5
6
7
8
9
10
11
12
13
14
15
16
17
18

오늘의 발원　　　　　　　　　년　월　일

20. 모습과 특성의 초월超越

"수보리여! 그대 생각은 어떠한가?
신체적 특징을 원만하게 갖추었다고
여래라고 볼 수 있겠는가?"
"아닙니다, 세존이시여! 신체적 특징을 원만하게 갖추었다고
여래라고 볼 수는 없습니다.
왜냐하면 여래께서는 원만圓滿한 신체를 갖춘다는 것은 원만한
신체를 갖춘 것이 아니라고 설하셨으므로
원만한 신체를 갖춘 것이라고 말씀하셨기 때문입니다."

二十. 離色離相分 (이색이상분)

須菩提 於意云何 佛可以具足色身見不
(수보리 어의운하 불가이구족색신견부)

不也世尊 如來不應以具足色身見 何以故
(불야세존 여래불응이구족색신견 하이고)

如來說具足色身 卽非具足色身 是名具足色身
(여래설구족색신 즉비구족색신 시명구족색신)

월 mon 화 tue 수 wed 목 thu 금 fri 토 sat 일 sun   **20**   년   월   일

1.
2.
3.
4.
5.
6.
7.
8.
9.
10.
11.
12.
13.
14.
15.
16.
17.
18.

오늘의 발원　　　　　　　　　　　　　　　　년　월　일

"수보리여! 그대 생각은 어떠한가?
신체적 특징을 갖추었다고 여래라고 볼 수 있겠는가?"
"아닙니다, 세존이시여! 신체적 특징을 갖추었다고
여래라고 볼 수는 없습니다.
왜냐하면 여래께서는 신체적 특징을 갖춘다는 것이
신체적 특징을 갖춘 것이 아니라고 설하셨으므로
신체적 특징을 갖춘 것이라고 말씀하셨기 때문입니다."

수보리 어의운하 여래가이구족제상견부
須菩提 於意云何 如來可以具足諸相見不

불야세존 여래불응이구족제상견 하이고
不也世尊 如來不應以具足諸相見 何以故

여래설제상구족 즉비구족 시명제상구족
如來說諸相具足 卽非具足 是名諸相具足

| 월mon | 화tue | 수wed | 목thu | 금fri | 토sat | 일sun | **20** 년 월 일 |

1.
2.
3.
4.
5.
6.
7.
8.
9.
10.
11.
12.
13.
14.
15.
16.
17.
18.

오늘의 발원 　　　　　　　　　　　　　　　년 월 일

21. 설법 아닌 설법 說法

"수보리여! 그대는 여래가 '나는 설한 법이 있다.'는
생각을 한다고 말하지 말라.
이런 생각을 하지 말라.
왜냐하면 '여래께서 설하신 법이 있다.'고 말한다면,
이 사람은 여래를 비방誹謗하는 것이니,
내가 설한 것을 이해하지 못했기 때문이다.
수보리여! 설법이라는 것은
설할 만한 법이 없는 것이므로 설법이라고 말한다."

二十一. 非說所說分
비 설 소 설 분

수보리 여물위여래작시념 아당유소설법
須菩提 汝勿謂如來作是念 我當有所說法

막작시념 하이고 약인언 여래유소설법
莫作是念 何以故 若人言 如來有所說法

즉위방불 불능해아소설고 수보리 설법자
卽爲謗佛 不能解我所說故 須菩提 說法者

무법가설 시명설법
無法可說 是名說法

월mon 화tue 수wed 목thu 금fri 토sat 일sun　　**20**　년　월　일

1.
2.
3.
4.
5.
6.
7.
8.
9.
10.
11.
12.
13.
14.
15.
16.
17.
18.

오늘의 발원　　　　　　　　　　　년　월　일

그때 수보리 장로(長老)가 부처님께 여쭈었습니다.
"세존이시여! 미래에 이 법 설하심을 듣고
신심을 낼 중생이 조금이라도 있겠습니까?"
부처님께서 말씀하셨습니다.
"수보리여! 저들은 중생이 아니요 중생이 아닌 것도 아니다.
왜냐하면 수보리여! 중생 중생이라 하는 것은
여래가 중생이 아니라고 설하였으므로
중생이라 말하기 때문이다."

이시 혜명수보리 백불언 세존
爾時 慧命須菩提 白佛言 世尊

파유중생 어미래세 문설시법 생신심부 불언
頗有眾生 於未來世 聞說是法 生信心不 佛言

수보리 피비중생 비불중생 하이고 수보리
須菩提 彼非眾生 非不眾生 何以故 須菩提

중생중생자 여래설비중생 시명중생
眾生眾生者 如來說非眾生 是名眾生

| 월mon | 화tue | 수wed | 목thu | 금fri | 토sat | 일sun | **20**　년　월　일 |

1.
2.
3.
4.
5.
6.
7.
8.
9.
10.
11.
12.
13.
14.
15.
16.
17.
18.

오늘의 발원　　　　　　　　　　　　　　　　년　월　일

22. 얻을 것이 없는 법法

수보리가 부처님께 여쭈었습니다.
"세존이시여! 부처님께서 가장 높고 바른 깨달음을 얻은 것은 법이 없는 것입니까?"
부처님께서 말씀하셨습니다.
"그렇다, 그렇다. 수보리여! 내가 가장 높고 바른 깨달음에서 조그마한 법조차도 얻을 만한 것이 없었으므로 가장 높고 바른 깨달음이라 말한다."

무법가득분
二十二. 無法可得分

수보리백불언 세존 불득아뇩다라삼먁삼보리
須菩提白佛言 世尊 佛得阿耨多羅三藐三菩提

이무소득야 불언 여시여시 수보리
爲無所得耶 佛言 如是如是 須菩提

아어아뇩다라삼먁삼보리 내지무유소법가득
我於阿耨多羅三藐三菩提 乃至無有少法可得

시명아뇩다라삼먁삼보리
是名阿耨多羅三藐三菩提

| 월mon | 화tue | 수wed | 목thu | 금fri | 토sat | 일sun | **20** 년 월 일 |

1
2
3
4
5
6
7
8
9
10
11
12
13
14
15
16
17
18

오늘의 발원　　　　　　　　　　년　월　일

23. 관념을 떠난 선행 善行

"또한 수보리여! 이 법은 평등하여 높고 낮은 것이 없으니, 이것을
가장 높고 바른 깨달음이라 말한다.
자아도 없고, 개아도 없고, 중생도 없고, 영혼도 없이
온갖 선법을 닦음으로써 가장 높고 바른 깨달음을 얻게 된다.
수보리여! 선법善法이라는 것은 선법이 아니라고
여래는 설하였으므로 선법이라 말한다."

二十三. 淨心行善分

復次 須菩提

是法平等 無有高下 是名阿耨多羅三藐三菩提

以無我無人無衆生無壽者 修一切善法

卽得阿耨多羅三藐三菩提 須菩提 所言善法者

如來說 卽非善法 是名善法

월mon 화tue 수wed 목thu 금fri 토sat 일sun   20   년 월 일

1
2
3
4
5
6
7
8
9
10
11
12
13
14
15
16
17
18

오늘의 발원   년   월   일

24. 경전經典 수지受持가 최고의 복덕福德

"수보리여! 삼천대천세계에 있는 산들의 왕 수미산須彌山만큼의
칠보 무더기를 가지고
보시하는 사람이 있다고 하자.
또 이 반야바라밀경의 사구게四句偈만이라도
받고 지니고 읽고 외워 다른 사람을 위해
설해 주는 사람이 있다고 하자.
그러면 앞의 복덕은 뒤의 복덕에 비해 백에 하나에도
미치지 못하고 천에 하나 만에 하나 억에 하나에도
미치지 못하며 더 나아가서 어떤 셈이나 비유로도
미치지 못한다."

복지무비분
二十四. 福智無比分

수보리 약삼천대천세계중 소유제수미산왕
須菩提 若三千大千世界中 所有諸須彌山王

여시등칠보취 유인 지용보시 약인
如是等七寶聚 有人 持用布施 若人

이차반야바라밀경 내지사구게등 수지독송
以此般若波羅蜜經 乃至四句偈等 受持讀誦

위타인설 어전복덕 백분불급일 백천만억분
爲他人說 於前福德 百分不及一 百千萬億分

내지산수비유 소불능급
乃至算數譬喻 所不能及

월mon 화tue 수wed 목thu 금fri 토sat 일sun   **20**   년   월   일

1
2
3
4
5
6
7
8
9
10
11
12
13
14
15
16
17
18

오늘의 발원　　　　　　　　　　　　　　년　월　일

25. 분별없는 교화 敎化

"수보리여! 그대 생각은 어떠한가?
그대들은 여래가 '나는 중생을 제도하리라.'는
생각을 한다고 말하지 말라. 수보리여! 이런 생각을 하지 말라.
왜냐하면 여래가 제도한 중생이 실제로 없기 때문이다.
만일 여래가 제도한 중생이 있다면, 여래에게도
자아·개아·중생·영혼이 있다는 집착이 있는 것이다.
수보리여! 자아가 있다는 집착은 자아가 있다는
집착이 아니라고 여래는 설하였다.
그렇지만 범부凡夫들이 자아가 있다고 집착한다.
수보리여! 범부라는 것도 여래는 범부가 아니라고 설하였다."

二十五. 化無所化分

須菩提
於意云何 汝等勿謂如來作是念 我當度衆生
須菩提 莫作是念 何以故 實無有衆生如來度者
若有衆生 如來度者 如來卽有我人衆生壽者
須菩提 如來說 有我者 卽非有我 而凡夫之人
以爲有我 須菩提 凡夫者 如來說卽非凡夫
是名凡夫

| 월mon | 화tue | 수wed | 목thu | 금fri | 토sat | 일sun | **20** 년 월 일 |

1
2
3
4
5
6
7
8
9
10
11
12
13
14
15
16
17
18

오늘의 발원　　　　　　　　　　　　　　　　년　월　일

金剛般若波羅密經

26. 신체적 특징을 떠난 여래如來

"수보리여! 그대 생각은 어떠한가?
서른두 가지 신체적 특징으로 여래라고 볼 수 있는가?"
수보리가 대답하였습니다.
"그렇습니다, 그렇습니다.
서른두 가지 신체적 특징으로도 여래라고 볼 수 있습니다."
부처님께서 말씀하셨습니다.
"수보리여! 서른두 가지 신체적 특징으로도
여래라고 볼 수 있다면 전륜성왕轉輪聖王도 여래겠구나!"

二十六. 法身非相分

須菩提 於意云何 可以三十二相 觀如來不

須菩提言 如是如是 以三十二相 觀如來 佛言

須菩提 若以三十二相 觀如來者 轉輪聖王

卽是如來

월 mon 화 tue 수 wed 목 thu 금 fri 토 sat 일 sun   **20**   년   월   일

1.
2.
3.
4.
5.
6.
7.
8.
9.
10.
11.
12.
13.
14.
15.
16.
17.
18.

오늘의 발원   년   월   일

수보리가 부처님께 말씀드렸습니다.
"세존이시여! 제가 부처님께서 말씀하신 뜻을 이해하기로는,
서른두 가지 신체적 특징을 가지고는 여래를 볼 수 없습니다."
그때 세존께서 게송偈頌으로 말씀하셨습니다.
"형색으로 나를 보거나 음성으로 나를 찾으면
삿된 길 걸을 뿐 여래 볼 수 없으리."

수보리백불언 세존 여아해불소설의
須菩提白佛言 世尊 如我解佛所說義
불응이삼십이상 관여래 이시세존 이설게언
不應以三十二相 觀如來 爾時世尊 而說偈言
약이색견아 이음성구아
若以色見我 以音聲求我
시인행사도 불응견여래
是人行邪道 不能見如來

월mon 화tue 수wed 목thu 금fri 토sat 일sun   **20**   년   월   일

1.
2.
3.
4.
5.
6.
7.
8.
9.
10.
11.
12.
13.
14.
15.
16.
17.
18.

오늘의 발원   년   월   일

金剛般若波羅密經

27. 단절斷絕과 소멸消滅의 초월超越

"수보리여! 그대가 '여래는 신체적 특징을
원만하게 갖추지 않았기 때문에 가장 높고 바른 깨달음을
얻은 것이다.'라고 생각한다면,
수보리여! '여래는 신체적 특징을 원만하게 갖추지 않았기 때문에
가장 높고 바른 깨달음을 얻은 것이다.'라고 생각하지 말라.
수보리여! 그대가 '가장 높고 바른 깨달음의 마음을
낸 자는 모든 법이 단절되고 소멸되어 버림을 주장한다.'고
생각한다면, 이런 생각을 하지 말라.
왜냐하면 가장 높고 바른 깨달음의 마음을 낸 자는
법에 대하여 단절되고 소멸된다는 관념을 말하지 않기 때문이다."

二十七. 無斷無滅分 (무단무설분)

須菩提 汝若作是念 如來不以具足相故
(수보리 여약작시념 여래불이구족상고)

得阿耨多羅三藐三菩提 須菩提 莫作是念
(득아뇩다라삼먁삼보리 수보리 막작시념)

如來不以具足相故 得阿耨多羅三藐三菩提
(여래불이구족상고 득아뇩다라삼먁삼보리)

須菩提 汝若作是念 發阿耨多羅三藐三菩提心者
(수보리 여약작시념 발아뇩다라삼먁삼보리심자)

說諸法斷滅 莫作是念 何以故
(설제법단멸 막작시념 하이고)

發阿耨多羅三藐三菩提心者 於法 不說斷滅相
(발아뇩다라삼먁삼보리심자 어법 불설단멸상)

월mon 화tue 수wed 목thu 금fri 토sat 일sun   **20**   년   월   일

1
2
3
4
5
6
7
8
9
10
11
12
13
14
15
16
17
18

오늘의 발원   년   월   일

28. 탐착貪着 없는 복덕福德

"수보리여! 보살이 항하의 모래 수만큼 세계에 칠보를 가득 채워 보시한다고 하자. 또 어떤 사람이 모든 법이 무아無我임을 알아 인욕忍辱을 성취한다고 하자. 그러면 이 보살의 공덕은 앞의 보살이 얻은 공덕보다 더 뛰어나다. 수보리여! 모든 보살들은 복덕을 누리지 않기 때문이다."

수보리가 부처님께 여쭈었습니다.

"세존이시여! 어찌하여 보살이 복덕을 누리지 않습니까?"

"수보리여! 보살은 지은 복덕에 탐욕貪慾을 내거나 집착執着하지 않아야 하기 때문에 복덕을 누리지 않는다고 설한 것이다."

二十八. 不受不貪分

須菩提 若菩薩 以滿恒河沙等世界七寶
持用布施 若復有人 知一切法無我 得成於忍
此菩薩 勝前菩薩所得功德 何以故 須菩提
以諸菩薩 不受福德故 須菩提白佛言 世尊
云何菩薩 不受福德 須菩提 菩薩 所作福德
不應貪着 是故 說不受福德

| 월mon 화tue 수wed 목thu 금fri 토sat 일sun | **20**   년   월   일 |

1.
2.
3.
4.
5.
6.
7.
8.
9.
10.
11.
12.
13.
14.
15.
16.
17.
18.

오늘의 발원   년   월   일

29. 오고 감이 없는 여래

"수보리여! 어떤 사람이 '여래는 오기도 하고 가기도 하며
앉기도 하고 눕기도 한다.'고 말한다면,
그 사람은 내가 설한 뜻을 이해하지 못한 것이다.
왜냐하면 여래란 오는 것도 없고 가는 것도 없으므로
여래라고 말하기 때문이다."

위의적정분

二十九. 威儀寂靜分

수보리 약유인언 여래약래약거약좌약와
須菩提 若有人言 如來若來若去若坐若臥

시인 불해아소설의 하이고 여래자 무소종래
是人 不解我所說義 何以故 如來者 無所從來

역부소거 고명여래
亦無所去 故名如來

| 월mon | 화tue | 수wed | 목thu | 금fri | 토sat | 일sun | **20**   년   월   일 |

1
2
3
4
5
6
7
8
9
10
11
12
13
14
15
16
17
18

오늘의 발원　　　　　　　　　　　　　　년　월　일

30. 부분과 전체의 참모습

"수보리여! 선남자 선여인이 삼천대천세계를 부수어 가는 티끌을
만든다면, 그대 생각은 어떠한가?
이 티끌들이 진정 많겠는가?"
"매우 많습니다, 세존이시여! 왜냐하면 티끌들이
실제로 있는 것이라면 여래께서는 티끌들이라고
말씀하지 않으셨을 것이기 때문입니다.
그것은 여래께서 티끌들은 티끌들이 아니라고 설하셨으므로
티끌들이라고 말씀하신 까닭입니다.

일합이상분
三十. 一合理相分

수보리 약선남자선여인 이삼천대천세계
須菩提 若善男子善女人 以三千大千世界

쇄위미진 어의운하 시미진중 영위다부
碎爲微塵 於意云何 是微塵衆 寧爲多不

수보리언 심다세존 하이고 약시미진중
須菩提言 甚多世尊 何以故 若是微塵衆

실유자 불즉불설시미진중 소이자하
實有者 佛卽不說是微塵衆 所以者何

불설미진중 즉비미진중 시명미진중
佛說微塵衆 卽非微塵衆 是名微塵衆

월mon 화tue 수wed 목thu 금fri 토sat 일sun　20　년　월　일

1
2
3
4
5
6
7
8
9
10
11
12
13
14
15
16
17
18

오늘의 발원　　　　년　월　일

金剛般若波羅密經

세존이시여! 여래께서 말씀하신 삼천대천세계는
세계가 아니므로 세계라 말씀하십니다.
왜냐하면 세계가 실제로 있는 것이라면
한 덩어리로 뭉쳐진 것이겠지만,
여래께서 한 덩어리로 뭉쳐진 것은 한 덩어리로 뭉쳐진 것이
아니라고 설하셨으므로 한 덩어리로 뭉쳐진 것이라 말씀하셨기
때문입니다."
"수보리여! 한 덩어리로 뭉쳐진 것은 말할 수가 없는 것인데
범부들이 그것을 탐내고 집착할 따름이다."

세존 여래소설삼천대천세계 즉비세계
世尊 如來所說三千大千世界 卽非世界

시명세계 하이고 약세계 실유자 즉시일합상
是名世界 何以故 若世界 實有者 卽是一合相

여래설일합상 즉비일합상 시명일합상 수보리
如來說一合相 卽非一合相 是名一合相 須菩提

일합상자 즉시불가설 단범부지인 탐착기사
一合相者 卽是不可說 但凡夫之人 貪著其事

월mon 화tue 수wed 목thu 금fri 토sat 일sun   **20**   년   월   일

1
2
3
4
5
6
7
8
9
10
11
12
13
14
15
16
17
18

오늘의 발원   년   월   일

金剛般若波羅密經

31. 내지 않아야 할 관념

"수보리여! 어떤 사람이 여래가 '자아가 있다는 견해,
개아가 있다는 견해, 중생이 있다는 견해, 영혼이 있다는 견해를
설했다.'고 말한다면,
수보리여! 그대 생각은 어떠한가?
이 사람이 내가 설한 뜻을 알았다 하겠는가?"
"아닙니다, 세존이시여! 그 사람은
여래께서 설한 뜻을 알지 못한 것입니다.

三十一. 知見不生分
지견불생분

須菩提 若人言 佛說我見人見衆生見壽者見
수보리 약인언 불설아견인견중생견수자견

須菩提 於意云何 是人 解我所說義不
수보리 어의운하 시인 해아소설의부

不也世尊 是人 不解如來所說義
불야세존 시인 불해여래소설의

| 월mon | 화tue | 수wed | 목thu | 금fri | 토sat | 일sun | **20** 년 월 일 |

1
2
3
4
5
6
7
8
9
10
11
12
13
14
15
16
17
18

오늘의 발원　　　　　　　　　　　　　　년　월　일

왜냐하면 세존께서는 자아가 있다는 견해,
개아가 있다는 견해, 중생이 있다는 견해, 영혼이 있다는 견해가
자아가 있다는 견해, 개아가 있다는 견해, 중생이 있다는 견해,
영혼이 있다는 견해가 아니라고 설하셨으므로
자아가 있다는 견해, 개아가 있다는 견해, 중생이 있다는 견해,
영혼이 있다는 견해라고 말씀하셨기 때문입니다."

하 이 고   세 존 설 아 견 인 견 중 생 견 수 자 견
何以故 世尊說我見人見眾生見壽者見

즉 비 아 견 인 견 중 생 견 수 자 견
卽非我見人見眾生見壽者見

시 명 아 견 인 견 중 생 견 수 자 견
是名我見人見眾生見壽者見

| 월mon | 화tue | 수wed | 목thu | 금fri | 토sat | 일sun | **20** 년 월 일 |

1
2
3
4
5
6
7
8
9
10
11
12
13
14
15
16
17
18

오늘의 발원 　　　　　　　　　　　　년　월　일

金剛般若波羅密經

"수보리여! 가장 높고 바른 깨달음을 얻고자 하는
이는 일체법에 대하여 이와 같이 알고, 이와 같이 보며,
이와 같이 믿고 이해하여 법이라는 관념을 내지 않아야 한다.
수보리여! 법이라는 관념은 법이라는 관념이 아니라고
여래는 설하였으므로 법이라는 관념이라 말한다."

수보리 발아뇩다라삼먁삼보리심자 어일체법
須菩提 發阿耨多羅三藐三菩提心者 於一切法
응여시지 여시견 여시신해 불생법상 수보리
應如是知 如是見 如是信解 不生法相 須菩提
소언법상자 여래설즉비법상 시명법상
所言法相者 如來說卽非法相 是名法相

월mon 화tue 수wed 목thu 금fri 토sat 일sun   **20**   년   월   일

1
2
3
4
5
6
7
8
9
10
11
12
13
14
15
16
17
18

오늘의 발원   년   월   일

32. 관념을 떠난 교화 教化

"수보리여! 어떤 사람이 한량없는 아승기 세계에
칠보를 가득 채워 보시한다고 하자.
또 보살의 마음을 낸 어떤 선남자 선여인이
이 경을 지니되 사구게만이라도 받고 지니고 읽고 외워
다른 사람을 위해 연설해 준다고 하자.
그러면 이 복이 저 복보다 더 뛰어나다.
어떻게 남을 위해 설명해 줄 것인가?
설명해 준다는 관념에 집착하지 말고
흔들림 없이 설명해야 한다.

三十二. 應化非眞分
응화비진분

須菩提 若有人 以滿無量阿僧祇世界七寶
수보리 약유인 이만무량아승지세계칠보

持用布施 若有善男子善女人 發菩薩心者
지용보시 약유선남자선여인 발보살심자

持於此經 乃至四句偈等 受持讀誦 爲人演說
지어차경 내지사구게등 수지독송 위인연설

其福勝彼 云何爲人演說 不取於相 如如不動
기복승피 운하위인연설 불취어상 여여부동

월mon 화tue 수wed 목thu 금fri 토sat 일sun　　**20**　년　월　일

1
2
3
4
5
6
7
8
9
10
11
12
13
14
15
16
17
18

오늘의 발원　　　　　　　　　　　년　월　일

왜냐하면 일체 모든 유위법은 꿈·허깨비·물거품·그림자
이슬·번개 같으니 이렇게 관찰할지라."
부처님께서 이 경을 다 설하시고 나니,
수보리 장로와 비구·비구니·우바새·우바이와
모든 세상의 천신·인간·아수라들이 부처님의 말씀을 듣고
매우 기뻐하며 믿고 받들어 행하였습니다.

하이고 일체유위법 여몽환포영
何以故 一切有爲法 如夢幻泡影
여로역여전 응작여시관 불설시경이
如露亦如電 應作如是觀 佛說是經已
장로수보리 급제비구비구니 우바새우바이
長老須菩提 及諸比丘比丘尼 優婆塞優婆夷
일체세간천인아수라 문불소설 개대환희
一切世間天人阿修羅 聞佛所說 皆大歡喜
신수봉행
信受奉行

월mon 화tue 수wed 목thu 금fri 토sat 일sun   **20**   년   월   일

1.
2.
3.
4.
5.
6.
7.
8.
9.
10.
11.
12.
13.
14.
15.
16.
17.
18.

오늘의 발원   년   월   일

金剛般若波羅密經

금강반야바라밀경
金剛般若波羅密經

진언
眞言

나모바가발제 발라양 파라미다예
那謨婆伽跋帝 鉢喇壤 波羅弭多曳

옴 이리저 이실리 수로타 비사야 비사야 사바하
唵 伊利底 伊室利 輸盧馱 毘舍耶 毘舍耶 莎婆訶

회향문

_____

_____

_____

_____

_____

_____

_____

_____

_____

사경회향일 | 년 월 일

이름(법명) | 합장

※ 부처님말씀 따라쓰기는 훈민정필체를 따라쓰기 서체로 사용하였습니다.

'부처님말씀 따라쓰기 금장 북마크'만 별도로 구입 가능합니다. 개당 2,000원(전화문의 요망)

부처님말씀 따라쓰기 1, 2 BBS 불교방송 엮음 | 각 232쪽 | 양장제본 | 각권 13,000원 | 세트(2권) 26,000원
세트를 구입하시면 예쁜 '부처님말씀 따라쓰기 금장 북마크'를 드립니다.

매일 부처님 말씀을 읽고 따라쓰며 얻는 마음의 평화!

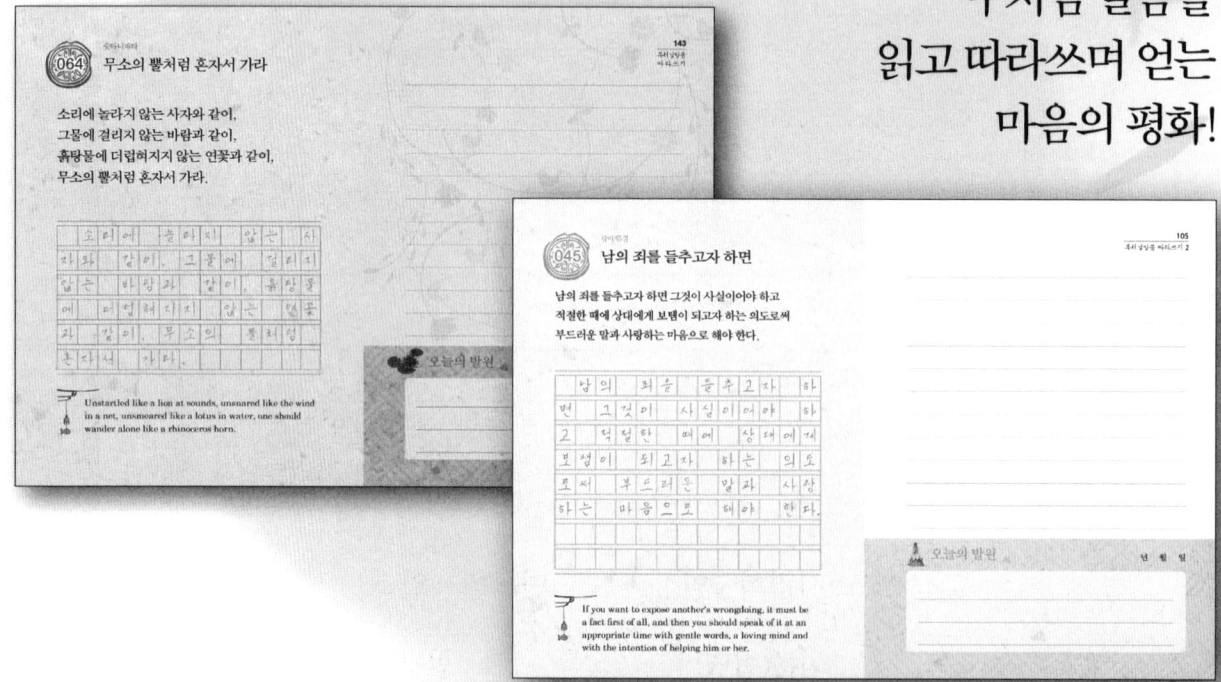

 **주문전화 1833-9634** 입금계좌 : 신한은행 110-317-669123 김영미작은숲

- 1833-9634로 전화를 걸어 이름, 주소, 휴대폰번호를 말한다.
- 휴대폰 문자로 금액, 계좌번호를 전송받은 후 입금한다.
- 비단길에서는 당일 오후 4시 이전까지 입금 확인된 건에 대하여 로젠택배로 발송합니다.
- 주문하신 도서는 발송 후 1~2일 이내에 받아보실 수 있습니다.

 비단길은 작은숲출판사의 필사 브랜드입니다. 주소 | 경기도 파주시 한록산길 120 B동 전화 070.8876.8560

필사의 힘...

글씨는 그 사람의 성격이고, 마음입니다. 한 자 한 자 정성껏 쓰다 보면 어느새 마음이 평화로워집니다. 손글씨 쓰는 법을 잃어버린 시대이지만 그럴수록 손글씨를 써보세요. 하루에 5분! 이틀, 사흘, 그리고 일주일… 한 달… 성격이 달라지고 자기만의 손글씨를 되찾게 됩니다. 이제 손으로가 아닌 마음으로 쓰세요. 평화는 바로 내 마음에 있습니다. 〈내마음에 새기는 5분 필사 시리즈〉는 부처님 말씀이나 윤동주 시 등 마음에 새기면 좋을 글을 읽고 따라쓰도록 만든 필사책입니다. 작은숲출판사의 가족회사인 비단길에서 만듭니다.

구입문의는 070-4067-8560

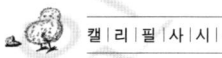
캘|리|필|사|시|선

01 윤동주필사시집 별을 노래하는 마음으로
윤동주 지음 | 김호룡 캘리그라피 | 128쪽 | 양장제본 | 11,000원

02 조재도필사시선집 아름다운 사람
조재도 지음 | 김호룡 캘리그라피 | 164쪽 | 양장제본 | 12,000원

03 김소월필사시집 가시는 걸음걸음 놓인 그 꽃을 근간

04 백석필사시선집 나와 나타샤와 흰 당나귀 근간

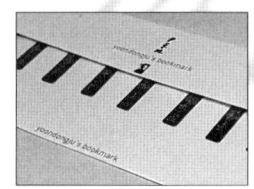

'동주북마크yoondongju's bookmark'만 별도로 구입 가능합니다. 세트당(10개 포장) 5,000원(전화문의 요망)

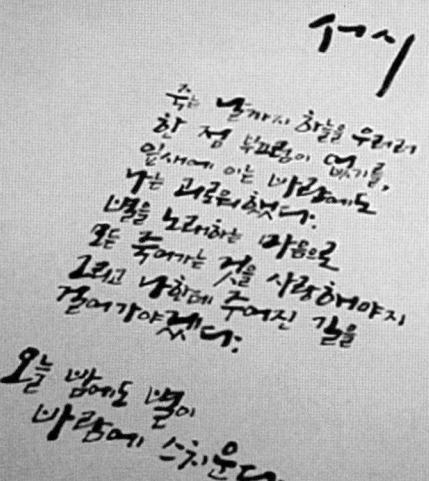

비단길은 작은숲출판사의 필사 브랜드입니다. 주소 | 경기도 파주시 한록산길 120 B동 전화 070.8876.8560

부처님 말씀 따라쓰기
금강반야바라밀경
金剛般若波羅蜜經

2018년 4월 21일 제1판 1쇄 발행

펴낸이_강봉구   펴낸곳_비단길(제406-2013-000081호)
주소_10880 경기도 파주시 신촌로 21-30(신촌동)   전화_070-4067-8560
팩스_0505-499-8560   홈페이지 http://blog.naver.com/bidan-gil
이메일_bidangil@naver.com
비단길은 작은숲출판사 종교·필사 브랜드입니다.

ISBN 979-11-6035-044-9 13220
값은 뒤표지에 있습니다.